U0088812

臺灣歷史與文化 研究輯刊

八 編

第 26 冊

遷台女作家域外遊記研究（1949～1979）

陳昱蓉 著

花木蘭文化出版社

國家圖書館出版品預行編目資料

遷台女作家域外遊記研究（1949～1979）／陳昱蓉 著 -- 初版
-- 新北市：花木蘭文化出版社，2015〔民104〕
序 2+ 目 2+156 面；19×26 公分
（臺灣歷史與文化研究輯刊 八編；第 26 冊）
ISBN 978-986-404-452-8（精裝）

1. 女作家 2. 旅遊文學 3. 文學評論

733.08   104015148

ISBN-978-986-404-452-8

9 789864 044528

臺灣歷史與文化研究輯刊
八　編　第二六冊   ISBN：978-986-404-452-8

遷台女作家域外遊記研究（1949～1979）

作　　　者　陳昱蓉
總 編 輯　杜潔祥
副總編輯　楊嘉樂
編　　　輯　許郁翎
出　　　版　花木蘭文化出版社
社　　　長　高小娟
聯絡地址　235 新北市中和區中安街七二號十三樓
　　　　　　電話：02-2923-1455／傳眞：02-2923-1452
網　　　址　http://www.huamulan.tw 信箱 hml 810518@gmail.com
印　　　刷　普羅文化出版廣告事業
初　　　版　2015 年 9 月
全書字數　134271 字
定　　　價　八編 29 冊（精裝）台幣 58,000 元

版權所有 · 請勿翻印

遷台女作家域外遊記研究（1949～1979）

陳昱蓉　著

作者簡介

陳昱蓉，1983 年 8 月生，台北市南港人。曾就讀於台北市景美女中、彰化師範大學國文系，畢業後一邊從事教育工作、一邊進入中央大學中國文學研究所進修。喜愛旅行與文學，以「讀萬卷書、行萬里路」為人生方向。曾任教於台北市東山高中（2006 ～ 2010），目前任教於新北市立板橋高中（2010 ～），專長為現代文學賞析、校刊指導、電影賞析、創作教學等。

提　　要

　　本論文以 1949 ～ 1979 年間遷台女作家及其域外遊記為觀察對象，以女性文學發展為經進行縱向檢驗，以台灣政治、經濟、文化、外交環境為緯，進行橫向探索。在這段期間，台灣文學場域有著豐富的變化：從充斥反共思潮的五〇年代、現代主義風起雲湧的六〇年代、到高舉鄉土文學大纛的七〇年代，女性作家作品漸漸嶄露頭角，尤其遊記書寫風氣漸繁益美，形成台灣文壇獨特的面貌。

　　而遷台女作家歷經家國動盪的時代變化，渡海後須重新適應台灣生活。這些豐富多姿的生命歷程，交織著跨越地域的思考，使她們秉持不同的文化觀點，書寫了人地的奇妙關係，同時形成華文書寫的新傳統，厥為台灣當代遊記的典範。

　　蘇雪林、謝冰瑩、徐鍾珮等女作家，在遷台之前已有過豐富的寫作經驗，自五〇年代開始，她們前往歐洲、亞洲旅行留下的作品，是台灣域外遊記的先鋒；六〇年代以降，王琰如是第一個書寫非洲的女作家，她用料理來傳承中國記憶，秉持著樂觀的胸懷看待遷移經驗，而鍾梅音因旅行世界多國，勤於書寫發表，其作品則獲得了「最佳遊記」的讚譽，較之五〇年代，六〇年代的遊記內容少了些國愁家恨的歷史包袱，多了些域外探索的新鮮視野；直至七〇年代，社會風氣開放多元，女性取得愈來愈多的資源，於是羅蘭以廣播人之姿出訪美國，梁丹丰以畫筆走遍天下，三毛為了追求夢想長期居旅荒漠，她們出訪異國的動機來自於尋找自我，透過書寫她們不僅帶來異域的訊息，也學習傾聽自己在旅行時的心靈之音。

　　遷台女作家之所以獨特，乃是她們走向異域時，在空間的體驗上通過至少兩次的位移，藉由分析各階段「遊」的意義，呈現女性轉化旅行傳統的可能，使得單純的旅行能從傳統文人建立的框架中拔脫出來，試圖在域外尋找失落的文化傳統，並建立新的人文地理脈絡。

序

李瑞騰

　　1949 年以降，遷台一系女作家在華文世界大放異彩，她們之中有人在大陸時期即已成名，如著有《綠天》、研究屈原和李商隱的蘇雪林，曾參與武漢文藝運動，和魯迅打過筆戰；以《從軍日記》、《女兵自傳》聞名的謝冰瑩等；有人來台後因緣際會成為現代傑出的作家，如孟瑤、琦君、潘人木、張秀亞等。她們寫家國，寫歷史，也寫生活中的開門七件事，題材多元，文字雋美，開創一整個時代繁花似錦的文學景觀。

　　這樣一個人數眾多的寫作群體，有一些人有機會出國，比較早寫了域外遊記，在政府尚未開放出國觀光的年代，以散文之筆，為國人打開了看世界的一扇又一扇的窗戶，讀者雖不能至，而心嚮往之；那些旅行寫作，今天看來，確有其深遠的時代意義，值得重讀再探她們的視角及所描述的異域風景。

　　蘇雪林在四九年後因避亂赴歐留學，到法國和義大利，有《三大勝地的巡禮》（後易名《歐遊獵勝》），其後曾赴新加坡講學，可惜沒留下多少記錄；謝冰瑩曾赴馬來西亞和菲律濱講學，到韓國訪問，到美國探親，先後出版了四本記遊之作；徐鍾珮是外交官夫人，她後來以文字追憶了西班牙；稍後的王琰如亦隨工程師夫婿出國，但她去的是非洲利比亞，文化差異很大，筆下透顯隨遇而安的情懷。

　　六、七十年代長大的台灣孩子很多人都知道鐘梅音，她的《海天遊蹤》等作品集帶我們遊遍歐美和東南亞各國；廣播人羅蘭，應美國國務院之邀訪問美國，順遊德、法、奧、義，目之所遇，總讓她回憶並反思；畫家梁丹丰的藝術之旅，連畫帶寫，引我們去了挪威和約旦；著名的三毛，把她的傳奇故事放在撒哈拉沙漠的背景上，感動了一整個世代的讀者。

　　蘇雪林 1952 年來台時已 55 歲，三毛在 1949 年之際來台時才六歲，雖同是遷台，但她們是有代間存在的，我的學生陳昱蓉兩年前在她的碩士論文《遷台女作家域外遊記研究（1949～1979）》中，把她們分成三個世代，以方便討論，大概蘇、謝、徐屬「亂離中的女性先行者」；王、鍾是出發去求索，因此展開的是「文化旅程」，書寫相對「知性」；至於羅、梁和三毛，昱蓉下的標題是「尋找美麗國度」。

　　個性活潑、熱愛旅遊的昱蓉，選擇了這個題目，多少有想和上一代人對話的意圖；我在想，從蘇雪林到三毛等遷台女作家的域外遊記，其實有好幾個可以對照的群組：首先是同時代的遷台男性作家，其次是 1960、70 年代歐美留學生作家，1980 年代以降的旅行寫作者，甚至於更早從晚清以降就寫了域外記遊之作的呂碧城、單士釐、張默君等，昱蓉如有更進一步探索的興趣，可以多留意相關的研究資料。

　　昱蓉剛從歐洲旅行歸來，來信告知本書付梓在即。我想起花木蘭出版社幾次要我推薦學生的學位論文，我都因爲忙碌而未有回應；這一次看他們開出的書單，顯然經過嚴選，其中有昱蓉論文，我很高興，重讀了她的論文，看她寫女作家通過域外遊記的自我成長，寫她們家國身影的濃淡景致，夾敘夾議，文筆流暢；讀著，竟也彷彿回到當年在雙連坡上，她勤於問學的歲月了。

第一章　緒　論

第一節　研究動機

　　1949 年是台灣政治、社會、經濟劇變的一年，也是知識分子探究自我、思索文化的轉折點，大量渡海來台的作家自此展開台灣文學嶄新的一頁，而台灣與大陸之間，也形成了不同的論述觀點，造成兩岸文化認同上的歧異多元，因此在 1949 年之後立足台灣文壇的作家、作品，在全球華文書寫領域扮演了相當重要的角色，他們在相對自由開放的環境中，呈現了獨立、自主的性格。

　　對於遷台人士而言，台灣只是一個暫時居留的容身之處，但是，當渡海來台的他們有機會出國開拓視野，走向更廣闊的世界後，是如何思考「家國」的內涵？中國傳統中那份「人情同於懷土兮」的遊子情懷，是否成為這群作家一貫的「苦悶的象徵」？或是有不同的選擇？就台灣文學發展史而言，省籍作家與遷台作家的創作俱有可觀之處，其實省籍作家作品雖具有一定的文學地位，畢竟創作數量不多，〔註1〕尚待八〇年代後才能逐漸蔚為氣候，因此在文壇上，為時代發聲與傳遞訊息的書寫者主要在於遷台作家。他們依照時

〔註 1〕　如洪炎秋（1899～1980）的《雲遊雜記》（台中：中央，1959 年）、吳濁流（1900～1976）的《東南亞漫遊記》（台北：台灣文藝，1973 年）、葉榮鐘（1900～1978）的《美國見聞錄》（台中：中央，1977 年）、楊牧（1940～）的《柏克萊精神》（台北：洪範，1977 年）、鄭羽書（1953～）的《我見我思話東瀛》（台北：時報，1978 年）、鄭麗園（1953～）的《牛津散記》（台北：台灣新生報，1979 年）、李魁賢（1937～）的《歐洲之旅》（台北：林白，1971 年）……等。

代的發展與推進，本身自覺／不自覺地表露出不同程度的國族意識與文化認同，再度跨越國家疆界時，面對異文化的刺激與衝擊，便展現不同面貌的書寫形式與內容。

另一方面，1979 年政府解嚴後，民間經濟高度發展，各式殊異文化深入生活之中，社會上提供了更彈性自主的思考空間，於是旅行便發展出多元繽紛的面貌，與旅行經驗相關的書寫也如雨後春筍般蓬勃發展，因此，在 1979 年政府開放觀光之前的遊記，便成為管窺彼時文人世界觀的重要憑藉。遊記不僅是一個文學文本，同時也是一個文化文本，〔註2〕旅行者承載著歷史、種教、政治等意識型態，在與異域的人事物交會往返的同時，顯現出「我者」與「他者」不同的文化立場、以及各自所呈現出的獨特內涵，正如巴柔所言：「旅遊不僅僅是地理空間內或在歷史時間中的位移；它還是在一種文化中的位移。人們只有使用在自己的（文化）行李中攜帶著的工具才能去『看』異國。」〔註3〕

胡錦媛曾提出「旅行經濟學」的概念，她認為旅行是一場交換的過程，尤其旅行的最高境界是「跨越自我與（在旅行中相遇的）異己（the other）之間的疆界，將封閉著的空間轉化為自由開放，帶著『差異』回返家鄉。」〔註4〕旅行之所以不同於流浪，乃是因為旅行者會返回原先的出發點，在遷台作家再度移動的過程中，身處域外的他們究竟引發了何種省思？是否會進一步影響、改變原來的生活型態？他們又是如何呈現探索與指認的道路？1949～1979 年間的遊記書寫究竟呈現了何種脈絡？作家們思考的方向與辨析過程，在在都形塑出一種獨特的遊記書寫視角。

另一方面，李瑞騰認為：「女性特異的生理機能與肉體經驗影響女性的情感、思維和語言，而形成和男性不同的文體，自有其語言修辭的特性。」〔註5〕當男性關注於如何承擔安邦定國的使命時，女性思考的問題卻往往從自身經驗出發，並且嘗試以更彈性、堅韌的本質來面對家國的變化及個人境遇的移轉；換句話說，女性走向世界的時候，比男性更能接受各種異文化的

〔註2〕見梅新林、俞樟華主編《中國遊記文學史》（上海：學林，2004 年），頁 28。
〔註3〕巴柔〈從文化形象到集體想像物〉，見孟華主編《比較文學形象學》（北京：北京大學，2001 年），頁 146～147。
〔註4〕胡錦媛《台灣當代旅行文學》，見東海大學主編《台灣旅遊文學論文集》（台北：文津，2001 年），頁 282～283。
〔註5〕李瑞騰《台灣文學風貌》（台北：三民，1991 年），頁 145。

刺激，並且運用細膩的視角、寬容的胸懷與他者相遇。因此，在文學創作上，女作家的遊記不僅接續了以男性爲主軸的中國遊記文學史，更開始發展出性別向度中獨樹一幟的文本空間，女性遊記一開始便以其特有的輕靈心性、纖敏感悟和細膩筆觸表現自然景觀的寧靜與淡雅，從獨特的審美視角上把女性新質融入風光景致。〔註 6〕

　　在 1949～1979 年這一段經濟尚待起飛的期間，能夠出國的女作家必然有特殊的社會身分或經濟基礎，無論是爲了求學、工作、教育、依親、遊賞……等原因，她們各自以不同的身分地位以及觀看視角呈現海外風情，是故透過作家的修辭模式、語境系譜、書寫內容，可以考察女作家在不同階段的旅行風格及文學價值；要而言之，筆者所關注是她們在面對異文化時思辨、沉澱的進程，並推想她們背後的文化意識是在何種情境下產生，這一些以女性視角書寫的遊記作品，不但是台灣文壇的特殊現象，也是中國遊記傳統的一大變革。

　　是故，筆者期盼能自這段特殊時空背景下書寫的域外遊記中，探索女作家在中國遊記傳統、五四文學發展下呈現的文學發展軌跡；此外，女作家在傳統山水遊記之外，她們以廣闊的國際視野體驗世界風光，其視域不僅僅只是局限於歐、美、蘇、日等發達國家和新興國家，而且擴展到了一些弱小國家及地區，〔註 7〕地域的開展所形塑的世界觀，亦延展她們的思考向度；最後，旅行是一種自我對話的方式，女作家的出發各有其原因，女性如何思考旅行的行爲、如何定義自己的書寫，都是筆者研究的動機。

第二節　研究範圍

　　本論文探討 1949～1979 年間遷台女作家的域外體驗、及其出版的遊記散文。在這段期間，台灣文學場域是由第一代大陸遷台作家以及省籍作家共同經營。相較於新詩與小說，散文一向較少成爲評論家關注的目標，然而八、九〇年代以降，台灣的旅行文學風氣漸漸盛行，是故 1949～1979 這三十年間域外遊記作品便成爲相當重要的關鍵，也是台灣當代旅行書寫的基礎與典範。

〔註 6〕　轉引自梅新林、俞樟華主編《中國遊記文學史》（上海：學林，2004 年），頁476。
〔註 7〕　梅新林、俞樟華主編《中國遊記文學史》（上海：學林，2004 年），頁 434。

《中國遊記文學史》一書開宗明義直言——遊記是一種獨立的文學體裁，其內容包含：

> 第一，所至，即作者游程；第二，所見，包括作者耳聞目睹的山水
> 景物，名勝古蹟，風土人情，歷史掌故，現實生活等；第三，所感，
> 即作者觀感，由所見所聞而衍發的所思所想。〔註8〕

學者鄭明娳則認爲遊記要件有三：必須是作者眞實的經驗、作者須以記遊爲終極目的，以及作者須呈現出心靈活動；〔註9〕此外，她亦認爲：「遊記是以記遊寫景爲主要內容的散文類型。它通常是作者遊歷陌生地域的主觀記錄，有明顯的敘事秩序；而且作者脫離日常生活固有的生存空間，屬於一種特殊體驗，它的篇幅可寬可窄，有的可有組織地跨展至數萬言以上。」〔註10〕無論是梅新林、俞樟華，或是鄭明娳的定義，二書針對遊記內容的主張均考慮到：作者必須是自身眞實的遊歷過程、以及遊記必須書寫到心靈活動的內容。

然而，鄭明娳的遊記三要件中，其二以爲作者須「以記遊爲終極目的」，對於遊記的標準較爲嚴謹，余光中所言則較爲彈性：

> 在古典文學裡，所謂遊記通常是指一篇遊賞山水的散文，題目也
> 明白地標示所遊何地……其動機也不必在於遊賞，像程敏政的〈夜
> 渡兩關記〉，戴名世的〈乙亥北行日記〉，目的只在趕路，沿途的
> 景色和事件只是偶然相值，並非刻意求來。這些都是遊記的支流。
> 〔註11〕

是故本論文從寬擇取研究範圍，於1949～1979三十年間有遊歷域外之經驗、並付梓成冊之遷台女作家作品，俱爲探討對象。

此外，任何文學研究必然牽涉到年代的界定以及世代的探討，研究文學與社會關係的Robert Escarpit（侯伯・埃斯卡皮，1918～2000）提出了「班底」的理念，可以作爲本文的基礎：

> 世代的概念，乍看之下叫人興味盎然，可是卻曖昧不清，與其探討
> 「世代」，倒不如援用「班底」的概念反而更具彈性，所謂的班底
> 就是指包含了所有年齡層的作家群（儘管有一個占優勢的年齡

〔註8〕梅新林、俞樟華主編《中國遊記文學史》（上海：學林，2004年），頁2～3。
〔註9〕鄭明娳《現代散文類型論》（台北：大安，1988年），頁224。
〔註10〕鄭明娳《現代散文類型論》（台北：大安，1988年），頁220。
〔註11〕余光中《從徐霞客到梵谷》（台北：九歌，2006年），頁19。

層）。〔註12〕

1949 年前後來台的女作家分屬不同年齡層，最長者如 55 歲的蘇雪林，最幼者為年僅 6 歲的三毛，在 1949～1979 三十年間，女作家們可能在自己不同的人生階段有多次出國機會，亦可能在同一客觀時間上有不同年齡層的女作家出國，在 1979 年開放觀光之前，有機會出國的女作家都形成文學上的特殊班底。

　　另一方面，在空間考量上，對遷台作家而言，「中國大陸」是回不去的「故鄉」，因此「出國」的範圍便含括了中國大陸以外的地區；此外，具出國經驗的遷台女作家為數不少，但是部分女作家雖有出國經驗，卻直接定居異國，〔註13〕因此無法形成「出發／回歸」的旅行結構。

　　依照以定義，本文以作家出生年代為序，依次列出她們與時代的對應關係，以及出版作品、遊歷時間、地點等，茲呈現整理結果如下：

1949～1979 遷台女性作家域外遊記一覽表

作　　者	籍貫（出生地）	遷台時間（年紀）	遷台後遊記作品一覽	遊歷時間地點	出國年紀	遊歷原因
蘇雪林（1897～1999）	安徽	1952（55歲）	《歐遊攬勝》（台中：光啓，1958 年）（原名《三大聖地的巡禮》）	1950～1952 歐洲：法國、義大利	55～57 歲	避戰留學法國
謝冰瑩（1906～2000）	湖南	1948（42歲）	《菲島記遊》（台北：力行，1957 年）	1956 亞洲：菲律賓	50 歲	蒐集小說《碧瑤之戀》之材料
			《馬來亞遊記》（台北：海潮音月刊，1961年）	1957～1960 亞洲：新加坡、馬來西亞	51～52 歲	應聘至馬來西亞華聯中學任教
			《海天漫遊》（台北：三民，1968 年）	1. 1963 亞洲：菲律賓 2. 1965 亞洲：韓國	1. 57 歲 2. 59 歲	1. 馬尼拉講學 2. 應韓國「女苑雜誌社」邀請，與琦君、蓉子等訪漢城

〔註12〕 侯伯·埃斯卡皮（Robert Escarpit）著，葉淑燕譯《文學社會學》（台北：遠流，1990 年），頁 92。

〔註13〕 凡旅行之成立必然有「出發」與「回歸」兩層面向的思考，部分遷台女作家雖亦具有域外遊歷經驗、亦出版作品，然而沒有回到出發點（台灣）而停留在域外，如趙淑俠（1931～）在美國、瑞士定居，呂大明（1947～）長期旅法，喻麗卿（1945～）定居美國。

作　者	籍貫 （出生地）	遷台時間 （年紀）	遷台後 遊記作品一覽	遊歷時間地點	出國年紀	遊歷原因
			《舊金山的霧》（台北：三民，1974年）	上：1968 下：1971 美洲：美國	上：62歲 下：69歲	探訪海外子女
王琰如 （1914～2005）	江蘇	1949 （35歲）	《我在利比亞》（台北：三民，1969年）	1965～1971 非洲：利比亞	51～57歲	隨夫婿黃肇中（工程師）工作旅居利比亞
			《旅非隨筆》（台北：中華，1975年）	1965～1971 非洲：利比亞 歐洲：希臘、馬爾他	51～57歲	隨夫婿黃肇中（工程師）工作旅居利比亞順遊歐非諸國
徐鍾珮 （1917～）	江蘇	1950 （33歲）	《追憶西班牙》（台北：純文學，1976年）	1964～1969 歐洲：西班牙	47～52歲	隨夫婿朱撫松任職（駐派西班牙大使）
羅　蘭 （1919～）	河北	1948 （29歲）	《訪美散記》（台北：現代關係，1972年）	1970（9.20～11.29） 美洲：美國 歐洲：法國、德國、奧地利、義大利	51歲	應美國國務院「國際訪問補助計畫」之邀赴美訪問
			《獨遊小記》（台北：九歌，1981年）	1979 美洲：美國	60歲	造訪美國友人順遊
鍾梅音 （1922～1984）	福建 （北京）	1948 （26歲）	《海天遊蹤》（台北：大中國，1966年）	1964 亞洲：泰國、馬來西亞、日本、黎巴嫩 歐洲：希臘、義大利、瑞士、西德、挪威、比利時、法國、英國 美洲：美國	42歲	隨夫婿余伯祺工程工作出國考察
			《蘭苑隨筆》（台北：三民，1971年）	1970～1971 亞洲：泰國、新加坡、馬來西亞	48～49歲	隨夫婿余伯祺工程工作出國考察，其間參加星馬旅行團
			《旅人的故事》（台北：大地，1973年）	1972（4～6月） 美洲：美國 歐洲：英國、法國、義大利、奧地利、德國、荷蘭	50歲	重遊歐美
			《昨日在湄江》（台北：皇冠，1977年）	1. 1970～1971 亞洲：泰國 2. 1973～1975 亞洲：新加坡	1. 48～49歲 2. 51～53歲	隨夫婿余伯祺工程工作出國考察，並應小草出版社之邀，前往泰國旅行

作　者	籍貫 (出生地)	遷台時間 (年紀)	遷台後 遊記作品一覽	遊歷時間地點	出國年紀	遊歷原因
梁丹丰 (1935～)	廣東 (南京)	1948 (13歲)	《畫▲屐痕》(台北：水芙蓉，1975年)	1974 美洲：美國 歐洲：英國、德國、瑞士、義大利、法國、希臘	39歲	應美國若望大學薛光前博士邀約參展，兼以繪畫、蒐集作畫資料
			《佐渡島記遊》(台北：北屋，1977年)	1976 亞洲：日本	41歲	應博物館長伊藤文吉之邀赴日考察
			《北極圈之旅》(台北：北屋，1977年)	1977 歐洲：挪威	42歲	跨國寫生、增廣閱歷
			《約旦之旅》(台北：快樂畫會，1978年)	1977 亞洲：約旦	42歲	應邀訪問
三毛〔註14〕 (1943～1991)	浙江 (重慶)	1949前後 (6歲)	《雨季不再來》(台北：皇冠，1976年)〔註15〕	1973 歐洲：西班牙(加納利群島)、葡萄牙 非洲：西屬撒哈拉、奈及利亞	33～39歲	重遊西班牙，並至沙漠中建立新生活
			《撒哈拉的故事》(台北：皇冠，1976年)			
			《稻草人手記》(台北：皇冠，1977年)			
			《哭泣的駱駝》(台北：皇冠，1977年)			
			《溫柔的夜》(台北：皇冠，1979年)			

※ 本表格自封德屏等編《2007台灣作家作品目錄》(台南：國家台灣文學館，2008年) 整理而得，按作家出生年代為序。

〔註14〕張系國認為三毛往往以自傳體「我」來出發，使得讀者可以身歷情境般地融入，隨著三毛、荷西到非洲流浪，成為年輕人嚮往的境界；這些「寫得比較好」的文章，在文體上是個人化的散文，接近於私小說。見張系國〈我的故鄉在遠方——張系國談《撒哈拉的故事》〉，見《中國時報》(1994年8月28日)。

〔註15〕《雨季不再來》並非是一本純粹的遊記，該書前半部收錄了三毛就讀大學時期的創作，是1965～1968年之作。真正的域外遊記從〈赴歐旅遊見聞錄〉開始，其中提到「其實，再度出國一直是我的心願，我是一個浪子，我喜歡這個花花世界。隨著年歲的增長，越覺得生命的短促，就因為它是那麼的短暫，我們要做的事，實在是太多了。……我想我身心都在慢慢在恢復的情況下，我該有勇氣再度離開親人，面對自己絕對的孤獨，出外去建立新的生活了。我決定來西班牙，事實上還是一個浪漫的選擇而不是一個理智的選擇。」三毛鉅細靡遺地剖析了自己的內心世界，說明出國之因。

第三節　研究方法

　　作為傳統山水遊記的賡續與變革，也是現代旅行書寫的先聲與典範，1949～1979 年間的女作家遊記在現代文學脈絡中扮演著承上啟下的關鍵角色，旅行作為一種社會行為，不可避免地受到國家政策以及外交環境的影響，因此筆者先對國家、社會、歷史、文學史等進行觀察，理解女作家出國旅行的原因及背景。

　　文學的發展是由作家、作品、讀者互動而成，而文學史之得以被書寫，亦暗示著時代的檢驗與讀者的選擇，女性散文書寫在當代已經漸漸成為不可忽視的存在，因此藉由原有的文學進程，筆者將挖掘這些女作家在現代文學史中的角色，並將她們所創作的遊記作品納入查驗的版圖，勾勒出作家的創作特性再進行整合，以上是文學史的分析方法。

　　另一方面，筆者藉由人文地理學科的分析，探討女作家對世界文化與地景的看法，呈現不同時空背景下的人、地互動，將作家的旅行活動與生命經驗連結到她們原有的書寫傳統中。人文地理學包含著旅遊地理學，旅行是一種跨文化交流的形式，當兩種文化碰撞時，兩者都會通過「借用」的方式向對方靠攏，〔註16〕而女作家便在兩種、或多種文化的作用下，萌生新的人文思考。

　　此外，從文學書寫者的身分來看，女作家一向是中國文學史中的少數，而女性在真實空間中的移動經驗更具有特殊的意義，張瑞芬認為：

> 　　對男性作家而言，旅行常常是與政治、歷史等價值觀緊密結合的……然而對女性而言，旅行這一題材，對女性的意義卻是找尋自我的位置。〔註17〕

對於特殊時空背景下的女作家而言，她們的思考方向與書寫立場決定了文學的內容，張瑞芬在《台灣當代女性散文史論》一書中曾經將旅行文類與女性意識結合，並依時間先後約略分為三個階段，分別是著重「獵奇與報導」的第一階段、「旅遊與探尋自我的經歷結合」的第二階段、以及「在流動不止的時空裡，保存記憶與感覺的歷史」的第三階段，〔註18〕因此筆者將針對張瑞芬的提示，直接觀察文本內容，並且分析不同階段的女作家在前人的遊記書

〔註16〕趙榮等編《人文地理學》（北京：高等教育，2006 年），頁 318。
〔註17〕張瑞芬《台灣當代女性散文史論》（台北：麥田，2007 年），頁 55。
〔註18〕張瑞芬《台灣當代女性散文史論》（台北：麥田，2007 年），頁 53。

寫傳統中如何找到自己的文學定位。

第四節　文獻探討

　　本論文以女作家遊記文本為主要的研究資料，並以台灣文學史相關論述作為討論背景，文學史主要參考的書籍包含：葉石濤的《台灣文學史綱》、古繼堂的《簡明台灣文學史》、陳芳明的《台灣新文學史》等。葉石濤及古繼堂的理論提供本文清楚的時代文學發展觀，而陳芳明對於台灣散文發展有較詳細的敘述，並且針對女性散文的發展建構了細密的歷史脈絡。

　　針對女性文學的特色，本論文主要參考學者張瑞芬的《台灣當代女性散文史論》以及《五十年來台灣女性散文·評論篇》，前者從宏觀的角度出發，完整地呈現女作家們與時代的互動，展示了自五四以來女性文學的系譜；後者則以個別女作家為主軸，闡述了她們的生命歷程及文學風格。

　　前人的研究文獻亦予以本論文豐富的考察基礎，在文學史觀的建立上，朱嘉雯的《亂離中的追求——五四自由傳統與台灣女性渡海書寫》（中央大學中國文學研究所博士論文，2002 年）分析了遷台女作家與中國五四之間的關聯與發展，使本文更能清楚掌握時空背景；許珮馨的《五〇年代的遷台女作家散文研究》（台灣師範大學中國文學研究所博士論文，2005 年）部分篇幅探討了王琰如、徐鍾珮、鍾梅音的域外書寫，將文學場域的變化與書寫者的對應分析研究，並且視遊記作品為當代女性書寫的重要主題之一，成功地結合了「遷台女性」與「遊記」的關係。

　　接著，以「旅行書寫」、「遊記文學」、「旅行行為」……為主題的專書是本文在研究旅行活動意義時重要的參考基準，梅新林、俞樟華主編的《中國遊記文學史》完整地建構了中國文人的遊記文學傳統，其中五四新文學期間的資料是本文研究的基礎；余光中的《從徐霞客到梵谷》對古今中外旅行文學的相關內容博觀約取，在本文開展旅行美學的認知與研究上提供了立論的觀點。

　　此外，許多碩博士論文是本文研究時重要的參照對象，在台灣首先針對域外遊記進行整體性、系統性研究的是陳室如，其碩士論文《出發與回歸的辯證——台灣現代旅行書寫（1949～2002）研究》（彰化師範大學國文學研究所碩士論文，2003 年）建構了台灣旅行書寫研究的準則與典範，而後的博士論文《中國近代域外遊記研究（1840～1945）》更跨域區域，分析中國與台灣

作家域外旅行的三階段，提供本文探賾近現代域外遊記的源頭與本質。

聚焦於女性立場的旅行、並且探討女性意識的論文如：譚惠文《台灣當代女性旅行散文研究》（東吳大學中國文學研究所博士論文，2007 年）、何琬琦《台灣女性與旅遊的對話——台灣女遊書寫研究（1949～2007）》（台灣師範大學國文研究所在職進修碩士論文，2008 年），皆是將 1949 年以降台灣女性域外旅行散文作為研究對象，許茹菁的《掙扎輿圖——女性‧旅行‧書寫》（花蓮師範學院多元文化教育研究所碩士論文，2002 年）則是以九〇年代後旅行書寫為研究對象，可以作為時代的前後參照。以上論文俱探討了女性旅人在旅途中的感官變化，並分析她們與自然、社會及文化碰撞出的情感，強調女性的身體經驗與自主意識，並且具備審視文化、改變文化的力量。

而針對作家個別／群體的研究能提供本文聚焦於女作家的旅行文本，比如：李雅情《徐鍾珮、鍾梅音遊記散文研究》（東海大學中國文學研究所碩士論文，2007 年）、余恆慧〈羅蘭散文研究〉（台北教育大學中國文學研究所碩士論文，2008 年）、簡培如〈流動的書寫——三毛研究〉（彰化師範大學國文學研究所碩士論文，2008 年）、張家琳《梁丹丰散文研究》（銘傳大學應用中國文學研究所在職專班碩士論文，2009 年）……等，都針對作家的生命歷程與文學經驗進行不同主題的結合，能夠使筆者採納更多的文化觀點。

最後，理論的運用能使文本的分析更具意義，筆者參考了 John Urry（約翰‧厄里，1946～）的《觀光客的凝視》一書，二十世紀的旅行強調「凝視主體」和「凝視對象」之間的社會權力關係，藉由女作家的感官體驗，可以分析女作家出國時的思考意識；而揚智文化出版的《旅遊文化》及《觀光學概論》等相關叢書亦提供了許多實務概念，可以藉由旅行行為來觀察女作家出遊的社會意義；最後，Alain de Botton（艾倫‧狄波頓，1969～）的《旅行的藝術》探討「旅行」和「文化」、「心靈」的關聯，使筆者對於女作家旅行導引至更深層的思考，而 Linda McDowell（琳達‧麥道威爾，1962～）的《性別、認同與地方——女性主義地理學概說》則使筆者能夠將女性獨有的性別認同置入人、地關係的架構中。

第五節　研究架構

本論文將 1949～1979 年書寫域外遊記之女作家分為三階段進行探討，大致上按照時代順序呈現作家特質及文學面貌，然而時代背景只是便於定位她

們出發的起點，部分女作家持續旅行與書寫，跨越了各年代的思潮，亦呈現了前後不同的豐富內涵。

　　第一階段以五〇年代為開端，包含蘇雪林、謝冰瑩、徐鍾珮等，她們在遷台之前已經有豐富的文學創作經驗，亦建立了自己的風格，她們書寫的域外空間包含歐洲、亞洲以及美洲等。本章節從五四運動影響下的女作家出發，探討蘇雪林對域外風光／中國山水的看法，並以她的宗教旅行為例，說明蘇雪林如何以山水遊記為基礎，開創嶄新的書寫方式；而謝冰瑩的生平充滿著傳奇，她以一介女兵的姿態突破了中國傳統對女性「主內」的看法，她在晚年時前往南洋擔任華文教師、以及到美國探訪子女，都有不同的東／西視野體驗；徐鍾珮在尚未遷台前是以一名記者身分聞名，但是當她遷台落地生根，並在台北建立了溫暖的家庭後，又必須隨著外交官丈夫派駐至西班牙，在心態和文風上均有明顯差異，她善於冷靜觀察異國的歷史與文化，也建立了以省淨著稱的遊記風格。本階段女作家不僅將五四文化傳承至台灣，也銜接了中國遊記書寫的脈絡，而她們發揮了女性的獨立自主精神，也成為往後女作家的學習典範。

　　第二階段則從六〇年代作為研究的起點，以王琰如、鍾梅音兩位女作家為探討對象。在社會環境較為穩定的時代背景下，現代主義的影響使得女作家的思考別具知性意義，又因為她們遠離政治環境的干擾，避免官方立場的視角，在旅行時便著重於觀察異國的文化、歷史與社會風貌；而此階段女作家書寫的範圍較前階段更為豐富，除了歐洲、亞洲、美洲之外，更增加了非洲地景的描寫；此外，她們都是在台灣定居之後才開展自己的文學事業，生活上較為寬心，因此旅行海外時，台灣的「家」提供了更多穩定的力量。王琰如在非洲六年的歲月分為前後兩期，後期較前期舒泰，由於同時有好手藝、好人緣，她也常常在非洲下廚款待朋友，並運用當地食材變化出中國料理，藉由食物的記憶追念家鄉；鍾梅音與前輩女作家蘇雪林、謝冰瑩等培養了友好的交情，融入上一個文學世代的文學社群，遊歷的地方也相當多，在歐美旅行經驗中，她觀察了西方文化藝術的豐沛資源，也檢討了科技進步帶來的危機，在南洋旅行的過程裡，她享受當地悠閒自然的氛圍，並思考文明的意義。本階段的女作家皆嘗試著與異國的人事物有進一步的接觸，在女性成長上跨越了極大的步伐，但是資料性、考察性的書寫模式卻也是她們的限制之一，不過女作家的家國意識在本階段有相當深刻的書寫，主要在於反映異國

文化，並期盼自己的遊記能為國內帶來一股進步的力量。

第三階段探討的作家包含羅蘭、梁丹丰及三毛等，她們書寫的基礎是在七〇年代開放、多元的環境裡。這一階段的女作家開始重視旅行為自己帶來的成長，社會上對於作家的獨創性呈現了更大的接受度。羅蘭藉由兩度赴美的經驗，不僅了解到自己對旅行的嗜好，也喜愛以獨遊方式探索世界，她用儒家敦厚的處世哲學、道家自在的寬和心靈面對人生各階段的遷徙經驗，她也在異國看見不同於台灣、中國的華人生活圈，他們身處異域，但是卻過著更中國化的生活，因此從羅蘭遊記中可以窺見二十世紀華人各種遷徙流離的狀態；梁丹丰轉化了中國山水遊記傳統，重新以繪畫的觀察角度聚焦於異國山水，她以藝術為志業的旅行方式，開拓了女性自助旅行的新典範；三毛用傳奇式的經歷、故事性的筆法書寫域外生活，尤其她對旅行本身帶來的想像，建構了遊記的奇幻特質；此階段的女作家對中國原鄉的思考較不如前輩女作家深刻，因此在遊記中便少見傷時感世的家國之思，取而代之的是對異域風光的驚艷、以及自我對話的充實。

最後的結論則分為四個向度進行統整：第一部分是女作家的成長，她們從被動的跟隨者到主動的出發者，呈現出對世界愈來愈積極開放的胸襟；第二部分則將女作家旅行的地區進行分類，1949～1979 年間的女作家較多前往歐美地區，其次則為亞洲地區，另外非洲地區的書寫亦頗具特色，不同的洲際旅行均帶給她們不同的世界觀；第三部分則整理了女作家如何面對時代使命感與家國的歷史包袱，她們從殷憂、企盼到包容的過程，都在旅行與書寫之際呈現出獨特的人文思考；第四部分則說明了女作家遊記如何從資訊式書寫發展而為具藝術性的文體，並且為八、九〇年代蓬勃的遊記文學奠定基脈。

第二章 亂離中的女性先行者

第一節 前言：自由五四・台灣匯流

　　文學的發展有內在的源流與興衰的歷程，文學的變化更不可避免地受到外在環境的指導，自 1949 年 12 月國民黨在國共內戰失敗後，中華民國政府因此遷都來台，台灣文學書寫的任務與挑戰便邁向了前所未有的新階段。

　　這是一段青黃不接的年代，省籍作家的書寫空間受到緊縮，反之，遷台作家的創作暫時一枝獨秀，正如葉石濤所觀察的：「由於光復不久，新世代的本土知識份子尚未形成氣候，因此，省籍作家發表的作品寥寥無幾。」〔註1〕遷台作家從此深深地影響了台灣往後文學創作的發展，而他們的思考方式以及文學根柢可說是五四新文化運動的傳承與變繼，許珮馨在其研究中提及：

> 五四新文學運動的健將仍有少數隨著國民黨政府遷台或暫時旅居海
> 外，而後回歸中華民國政府的文人，前者有羅家倫、梁實秋、蘇雪
> 林、謝冰瑩、沉櫻，後者如胡適、林語堂等文人，這些作家所代表
> 的文學勢力亦多是文學研究會與新月社，而林語堂則是語絲社的代
> 表文人，他們在台灣文壇備受後輩推崇，來台以後也持續創作，自
> 然成為五四新文學活生生的流派傳遞者，持台灣這塊文學新天地發
> 光發熱。〔註2〕

在遷台作家中，包含了部分五四新文學運動大將，他們的持續創作不僅延續

〔註 1〕 葉石濤《台灣文學史綱》（高雄：春暉，2007 年），頁 91。
〔註 2〕 許珮馨《五○年代的遷台女作家散文研究》（台灣師範大學國文研究所博士論文，2005 年），頁 98。

了中國文學的舊傳統，也深深地嵌入台灣文學脈絡中。

在政治立場緊張、外交環境困厄之際，不僅國民政府制定了許多政策，配合政治的風向球，中國文藝協會在 1954 年 7 月 26 日發起「文化界清潔運動」，8 月 8 日當天更有四百多名文教界人士及三十六個社團聯合提出「厲行除三害宣言」，這些文化界自我緊縮言論尺度、配合政府控制言論的行為，使得後代評論者檢視五○年代作品時，泰半予以負面評價。彭瑞金認為五○年代文學屬於「大鍋菜的同性質」，葉石濤甚至認為五○年代文學所開的花是「白色而荒涼的」。作家們創作出來的作品「既不屬於台灣這塊土地，也不屬於他們自己生活的時代。」〔註3〕政策的限制造成了文學內容的空泛。另一方面，遷台作家面對陌生的環境，雖生活於此、創作於此，卻仍心繫原鄉大陸，由官方引導的文化體系與文人的書寫形成了相互呼應的文學慣性，「反共」、「懷鄉」成為當代文壇的兩大主題。

然而，女作家卻抽離了政治圈的風暴，不同於官方主導的書寫方向，她們對語文的駕馭皆有實際的經驗，也有豐富的學養傳統，慣於運用獨有的抒情方式，含蓄地表達流離遷徙的感受。其中蘇雪林（1987～1999）、謝冰瑩（1906～2000）在遷台之前早已是文壇健將，她們的書寫基礎近襲自五四新文化運動之脈絡；而徐鍾珮（1917～）為記者出身，中央政治學校與《中央日報》特派記者的背景，使她的文章一直具備著國家的關懷以及入世的思考。

在五○年代這段保守封閉的創作期間，遷台女作家是一股特別的力量，她們的文筆清新、風格雋永，能避開文壇喧擾，卻又深入實際生活，官方主導的「反黑」、「反紅」、「反黃」意識型態並非她們所關注的書寫題材。楊翠認為大陸來台的女作家之得以發聲捍衛自己的性別和書寫身分，具有發聲的權力，是因為其透過文本象徵空間建構自我女性主體，表現女性意識也成為一個新的文化優勢位置的表徵，唯有新移民作家有空間可以表達女性意識、建構女性自我主體。〔註4〕事實上，五○年代的台灣充斥著敏感與緊張的社會氛圍，遷台女作家穿越了戰亂流離的大時代，不可避免地「直承自五四的人文精神與寫實傳統，跨越了海峽的鴻溝與歷史的縫際，成為台灣戰後第一期

〔註3〕彭瑞金《台灣新文學運動 40 年》（高雄：春暉：1997 年），頁 266。
〔註4〕楊翠《鄉土與記憶──七○年代以來台灣女性小說的空間意識與空間語境》（台灣大學歷史研究所博士論文，2003 年），頁 55。

女性散文的主體。」〔註5〕她們構築了一個真實而溫暖的有情世界，在台灣局勢動盪不安的時刻，散文成為她們表達時代之聲最重要的方式。

　　此階段的女作家在思想上或是創作上，或多或少都承繼自中國五四新文化「自由」的書寫價值，她們亦在遷台之前都有過域外生活的經驗。女性的出遊象徵著走出傳統空間、步入自由的領域，遊記體裁也是她們擅長的文類之一，更是時代給予女性文學作品的新任務，更有甚者，遊記書寫亦反過頭來定義這些女作家的文學地位與成就，如張瑞芬便認為：

> 蘇氏散文藝術成就之最，當推遊記。她的遊記貫穿前後的寫作，承繼中國古來文人遊記的傳統，撫今追昔，說景物憶人事，文言白話雜用，珠璣滿眼，是最令人驚艷。〔註6〕

徐鍾珮亦因為域外生活的記錄受到文學史的肯定：

> 作者豐富的閱歷與寫實性，使她的散文具有人生風情和社會風俗畫般的審美意味，尤以描寫異國生活的散文最突出。〔註7〕

遊記在當時保守封閉的環境中，像是初綻的新鮮花朵，預示文學開展自由多元的可能。

　　蘇雪林、謝冰瑩、徐鍾珮渡海來台時都正值青壯，是創作力勃發的時期。蘇雪林來台時年紀較長，已經 55 歲，而謝冰瑩 42 歲來台，徐鍾珮 32 歲來台。中國傳統文化以及五四人文精神帶給這些女作家啟蒙的視野，然而她們在遷台之際，必然也不自覺地回應著台灣特殊的文藝環境，才能保持創作活動的賡續。朱嘉雯曾經以「流寓文人」的心態分析亂離時代中遷台者的心靈變化與文學創作：

> 流寓文人以地理位置所產生的距離作為開端，從遊子文學的中心點出發，帶出身分階級、社會政治、歷史文化等脈絡的環環相續，將眼前的地理景觀交纏於古往今來的歷史思維裡，而塑造出某些概念式的風物。〔註8〕

對於遷徙至台、又再度移動至他方的女作家而言，「中國」是她們思考的起

〔註5〕張瑞芬《五十年來台灣女性散文・評論篇》（台北：麥田，2006 年），頁 22。
〔註6〕張瑞芬《五十年來台灣女性散文・評論篇》（台北：麥田，2006 年），頁 18～19。
〔註7〕古繼堂主編《簡明台灣文學史》（台北：人間，2010 年），頁 263。
〔註8〕朱嘉雯《亂離中的追求——五四自由傳統與台灣女性渡海書寫》（中央大學中國文學研究所博士論文，2002 年），頁 18。

點，然而她們並不是單純地爲了觀賞風物而出發，更是向海外探求遺失的文化跡痕，因此她們的旅行也是一段追求心靈平衡的旅程。

　　許珮馨在其研究中，將遷台女作家的書寫主題區分爲四大部分：「天涯淪落的懷鄉散文」、「離鄉背景落地生根的家庭散文」、「賢妻良母的經驗分享」以及「立足寶島，放眼天下的遊記小品」。〔註 9〕域外遊記在台灣文學史上因此拓展了女性自覺書寫的新空間，其中更隱含著女性面臨國家變化的嚴肅思考以及身體移動的體驗，這些文字內容都是她們在歷史考驗下自處的記錄與證明。

　　女作家視遊記爲自身創作重要的一環，她們的域外遊記除了銘刻個人的移動史以及生命史，更使後人得以管窺其時的外交處境以及文壇動態。陳室如認爲：「這時期的旅人更勇於面對自己，透過他們的自剖與揭露，也爲中國旅行書寫的發展開啟了另一個新階段。」〔註 10〕她們延續著遷台前培植的文學素養，保持書寫習慣，並獨立於男性作家作品，而得以在台灣文學史上終究自成一格，正如英國史學家 Eric Hobsbawn（霍布斯邦，1917～2012）所謂的「創發的傳統」（invented tradition），這一階段的作家作品是台灣九〇年代以降女性域外遊記作品豐富的根源與寶庫。

第二節　命運與心靈的變奏：蘇雪林域外記遊

一、從五四走來的旅者

　　蘇雪林爲現代女作家、文學研究家。原名蘇梅，字雪林，以字行。原籍安徽太平，生於浙江瑞安，幼時亦生活於此，她遷台之前活動範圍甚廣，1917年畢業於安徽省立第一女子師範學校，翌年入北京高等女子師範學校學習，1921 年畢業後赴法留學，先後在吳稚暉創辦的海外中法學院和里昂國立藝術學院學習美術和文學，1925 年返回中國，自 1928 年起任上海滬江大學、蘇州東吳大學、安徽大學、武漢大學等校教授，因大陸政壇變色，1949 年蒞香港眞理學院工作，並於隔年再度赴巴黎研究神話，經歷兩年的留學生活後，在1952 年到達台灣，便任教於台灣師範大學、台南成功大學等，直至 1973 年退

〔註 9〕許珮馨《五〇年代的遷台女作家散文研究》（台灣師範大學中國文學研究所博士論文，2005 年），頁 124～168。

〔註10〕陳室如《近代域外遊記研究，1840～1945》（台北：文津，2007 年），頁 313。

休，其間還曾於 1964 年赴新加坡任教於南洋大學，因此「學習」、「教學」與「旅行」是她一生最重要的元素，源源不絕的活動力與生命力都是她出色遊記的養分。

　　蘇雪林的學術思想以及一生行誼幾乎都是在中國時期奠基的，自進入北京高等女子師範學校國文科起，便深受五四奔騰澎湃的新文化怒潮影響。蘇雪林其實並未參與五四運動，但她服膺胡適大師提倡新文化的主張，〔註 11〕並且以五四人的身分自居。〔註 12〕五四新文化運動對於中國舊時代女性的解放是一大成就，女性終於可以從傳統桎梏的壓力與束縛中走出，而女性意識的覺醒便代表著另一個時代的初始，正如研究中國現代女性的學者所言：

　　　　經歷了兩千年渾沌的服人、從人的過去後，五四時代那些「父親的
　　　　女兒」們以一聲嚴肅的宣布「我是我自己的」──叛離了家庭，開
　　　　始了她們從物體、客體、非主體走向主體的成長過程。〔註 13〕

五四精神帶給蘇雪林的不只是在文學上的自由、自立，也影響了她在文化思考與身體移動的自主意識，尤其蘇雪林對於自己婚姻、職業的選擇，亦是在許多反對聲浪以及家族壓力之下突破重圍、自我實現，因此蘇雪林以自身的堅志以及行動實踐五四精神，她捐棄束縛、熱愛自由的思考模式也表現在文學作品上。

　　蘇雪林在文學事業上的表現是古典與現代兼具：她的古典文學成就主要在屈賦、詩經、義山詩的探析，至於現代文學的部分，她曾潛心於現代文學史之發展，並論述西洋文化的輸入。蘇雪林奔赴來台後，除了延續古典文學研究成果，散文書寫亦頗為可觀，張瑞芬將蘇雪林一生的散文書寫區分為三階段：第一階段是返國（中國大陸）結婚前後，第二階段是抗戰及復原時期，第三階段是在台時期。〔註 14〕雖然蘇雪林創作質量的顛峰應是抗戰時期，然而到了台灣之後，文思更加成熟，因此她善於以回憶筆法書寫過往生活經驗，信手拈來往往左右逢源、前呼後應，且蘇雪林本身性格熱愛自由，

〔註11〕　林建農〈蘇雪林印象記〉，原刊於民國 73 年 4 月 6 日《臺灣日報》副刊，見
　　　　　「成功大學蘇雪林研究室」，取自 http://suxuelin.liberal.ncku.edu.tw/ActNews.
　　　　　asp?newsid=38。
〔註12〕　蘇雪林《我們的八十年》：「我一到北京思想便改變，完全接受了五四的新思
　　　　　想，自命為五四人了。」（台北：時報文化，1991 年），頁 18。
〔註13〕　孟悅、戴錦華《浮出歷史的地表──中國現代女性文學研究》（台北：時報文
　　　　　化，1989 年），頁 35。
〔註14〕　張瑞芬《五十年來台灣女性散文‧評論篇》（台北：麥田，2006 年），頁 18。

加以喜愛登臨山水，因而她有許多廣博宏偉的遊記作品。

是故，在國民政府遷台初期，台灣文壇枯槁之際，她的遊記作品便成為當時少有的美文代表；此外，她在創作的殿堂上拔擢後進、提攜女作家更是不遺餘力，因此，蘇雪林在台灣開闢女性散文書寫疆土時，也為爾後女作家遊記奠定了紮實的基礎。

二、異域想像・世界體驗

蘇雪林一生閱歷相當豐富，自幼多徙異地的她，思考較其他同輩女性更加多元開放。1921 年她前往法國求學，這也是她第一次的異域體驗，而當時正是中國新文學運動如火如荼開展的時刻，蘇雪林在求學過程中，不只是在學術、繪畫部分獲得成長，她也把握留學的自在時光遊歷各地，創作一系列的紀遊古典詩作，並命名曰「旅歐之什」，作品一共約三～四十首，這是她初次嘗試以「遊」為創作主旨的文學作品，也是培養觀察之眼的開端。

喜愛遊覽各地的她，為了追求理想與志業而勇於跨越地理疆域，在民國初年可說是相當少見的現象，不僅要解決交通的困頓、旅途的艱辛，更要克服異文化的差異，但是從蘇雪林的紀遊詩歌中，可見其發為文字，不但章構穩健、句句精妙，而且她以自身遊蹤印證了五四女性自由、獨立的自主精神，而這份精神也伴隨她經營往後人生各階段。

除了紀遊詩外，她也嘗試書寫散文，她善於觀察社會百態，寫作筆法以記事為主，寫景、議論兼而有之。〈花都漫拾〉一文中可窺見蘇雪林如何記錄異國的內容與精神，法國向來以流行產業聞名世界，蘇雪林不但實際感受浪漫的巴黎文化，並且將巴黎與上海這兩座時尚之都相互對照：

> 法國人善於享樂人生，過去巴黎繁華甲天下，婦女的衣裝，成為全世界的模特兒，好似從前中國的上海。〔註15〕

但是蘇雪林也會深入思考當地的社會環境，並把她居住過的城市一起比較：

> 不過法國的治安究竟比中國不知強多少倍。我是在香港住過一年的人，香港匪風之盛，至今教我談虎色變。略為有錢的人，家裡鐵柵門無論白天黑夜，鎖得嚴密無比，稍不留心，便遭械匪闖入。報紙上天天有商店和行人被搶的新聞。〔註16〕

〔註15〕蘇雪林《歸鴻集》（台北：暢流半月刊社，1955 年），頁 5。
〔註16〕蘇雪林《歸鴻集》（台北：暢流半月刊社，1955 年），頁 6。

這一份對世界的好奇與觀察，成為她此生探索新知的動力。留法歸國後，她開始在學術的世界中優游自得，在各種研究主題中，蘇雪林一直對於異國文化的比較有著濃厚的興趣，她認為中國文化與世界文化是可以相互連結的：

> 九重天乃係世界性，為古代文化民族所同具，而由域外即兩河流域
> 傳來。
> 世界文化同出一源，中國文化也是世界文化的一支。〔註17〕

或許是赴法留學的經驗，受過中西教育體制訓練的她往往能以宏觀的角度看待中國文化，並善於使用比較的視野進行寫作，為當時的中國文壇注入更多異域想像空間。

1950 年因戰亂之故，她又再度重返巴黎，兩度法國之行間隔近 30 年，當時的她已屆天命之年，在這趟旅程中，她一邊進行神話研究、一邊逃離動盪不安的局勢，1952 年來台之後，便出版了以宗教為主題的《三大聖地的巡禮》〔註18〕，該書開宗明義說明：

> 我想這三種記載，宗教氣氛雖嫌濃厚，但文學、藝術和山川名勝，
> 風俗人情的介紹，猶在宗教之上。遊歷歐洲的旅客，手此一編，可
> 以不必閱讀那些遊覽指南一類的書，也不必聽嚮導不完全的講解；
> 在國內的人想知道一點域外風光，此書亦資「臥遊」之樂。〔註19〕

該書中記錄了羅馬、里修、露德等宗教聖地的遊覽心得，這些作品有些曾於真理學會《公教報》發表，有些則是赴台後整理而得。

因此，蘇雪林在年少時期的留法經驗、異域文化研究的豐富知識，都成為她往後書寫歐洲域外遊記的遠因；而經歷了半生風霜之後，她的觀察更加透徹，除了比較兩國文化，也重新將旅途吸收到的見聞內化為支拄心靈的力量。

三、心靈遠行：聖地的女遊跡痕

宗教文化是人類智慧的結晶，自古以來，宗教聖地亦往往成為人們旅行的景點，研究旅行文化的楊明賢便認為：

〔註17〕陳怡良〈皓首窮經，故紙堆中作神探——談蘇雪林教授的成就〉「成功大學蘇雪林研究室」，取自 http://suxuelin.liberal.ncku.edu.tw/ActNews.asp?newsid=39。
〔註18〕後改名《歐遊獵勝》。
〔註19〕蘇雪林《歐遊獵勝》（台北：光啓，1960 年），頁 1。

> 世界上最著名的宗教聖地往往也是遊客最多的地區，或許有許多人
> 會將從事宗教活動與觀光旅遊進行切割，但不可否認，宗教旅遊是
> 世界上最重要的觀光旅遊活動之一。〔註20〕

若以蘇雪林對於世界文化的觀點視之，探訪世界著名的宗教聖地，亦是一種
求索人類共同依歸的旅程。

　　早在西元前八世紀的古希臘與羅馬文化興起之時，人類的旅遊便頻繁地
展開了，在當時，宗教旅遊盛行，如提洛島、特爾斐和奧林匹斯山都是著名
的宗教旅遊聖地。〔註21〕人類對於宗教的嚮往源於對未知世界的探索，並藉
由實際的行動來展現對現世的追求，而蘇雪林原本就以遊記書寫聞名，她擅
於運用巧妙的視覺摹寫來書寫山水形象，她的歐遊是一趟「朝聖」之旅，在
她筆下，山水遊記的傳統轉化為世界文明的體驗，因此在她觀覽各式宗教建
築、文物遺跡時，遊記內容呈現出許多讚嘆天主聖明、崇敬修道精神的讚
語，而她將旅途中所見之景與宗教神話的研究相互連結，更反映出濃厚的學
者精神。

　　遷台之後，蘇雪林便不再書寫中國山水，但是她反而可以在探臨異域
時，走出山水傳統之外，展現了更宏偉的「世界一心、中外一元」之思考，
如參觀羅馬城窟時：

> 當我站在地窟裡，一眼望去，只見長廊相接，好像永走不到頭，壁
> 上密如蜂巢的石槽，又一望無際，氣象的壯大沉雄，使人心驚動
> 魄。覺得中國古人「佳城鬱鬱」那一句墓地形容詞，只有羅馬的墳
> 塋才當得起。〔註22〕

她將中國的磅礴與羅馬帝國的偉大相互結合，提升了女性在文本中所書寫的
文化高度；此外，蘇雪林更發揮她的古典學養，常常以中國傳統表意系統解
讀所見景物：

> 我一路參觀，一路向前走，幾個彎一轉，竟到了教宗圖書館，和拉
> 斐爾畫室。至見無數廳堂的大廳，無數富麗的穹窿，什麼虹梁、雲
> 棟、星拱、龍蟠，那些三都、兩京賦裡的話頭，到這裡都是不夠用
> 的，只覺得滿眼輝煌的金碧！輝煌的金碧！〔註23〕

〔註20〕楊明賢《旅遊文化》（台北：揚智文化，2010年），頁15。
〔註21〕趙榮等編：《人文地理學》（北京：高等教育，2006年），頁289。
〔註22〕蘇雪林《歐遊獵勝》（台北：光啓，1960年），頁65。
〔註23〕蘇雪林《歐遊獵勝》（台北：光啓，1960年），頁29。

在蘇雪林的筆下，異國的宗教聖地顯得古色古香，中式建築美感的參照突顯了異國設計的雄偉與壯觀。她結合了個人的朝聖目的，運用大量的中國古典形象及詩句來描摹眼前所見之景，在部分章末尾，亦闡發了對於當代世界的關懷，並對人類最終的依歸予以永恆的讚嘆。

在日常生活之中，朝聖緣於人們對現實生活中尚未得到滿足的慾望的一種精神彌補，〔註 24〕或許尋求心靈的慰藉與平和，是蘇雪林書寫的潛在原因，經過半生動盪後，旅行便成為她逃離的出口，對於同時代的遷台人士而言，他們多半飽受流離之苦，雖僅隔著淺淺的一彎海峽，但中國儼然變成難以回歸的故土，遊記內容亦對文明社會的善惡、政治環境的變動進行深刻的思索。因此蘇雪林在觀覽域外風光之餘，也在無意中透露自己的思鄉感受，正如張瑞芬所言：

> 蘇雪林的遊記，除了文字之美，間及懷鄉（憶舊）主題，也是特殊
> 之處。〔註 25〕

總之，蘇雪林結合了實際遊覽的經驗與縝密的學術思考，呈現博觀取涉的胸懷，以及對未知世界探索的濃厚興趣。這些獨到的世界觀，在台灣出國風氣未開的年代，蘇雪林的遊記可說是台灣女作家書寫旅行最早的啟蒙。

從中國五四新文化運動如火如荼展開之後，女性也進行了啟蒙自我之過程，然而，女性在國際視野的開拓上，仍不及男性之多且廣，更遑論使心靈沉浸於異域的文化之中，是故蘇雪林的歐遊可說是相當難得的經驗，她對人生、宗教的思考，也記錄了一段心靈成長的奇特旅程。

第三節　時會之趨：謝冰瑩的足跡以及遊記

一、從一個女兵說起

謝冰瑩一向被文學史定位為與傳統桎梏堅決對抗的女作家，她投筆從戎、獻身軍旅的決心與行動，形塑了她早期的工作視野以及文學風格，從軍的體驗可說是決定她一生思想與活動最重要的關鍵。

崔家瑜在《謝冰瑩及其作品研究》中，將謝冰瑩一生經歷做了簡單扼要

〔註 24〕 鄭晴云〈朝聖與旅遊：一種人類學透視〉，見張曉萍主編《民族旅遊的人類學透視》（雲南：雲南大學，2009 年），頁 110。
〔註 25〕 張瑞芬《五十年來台灣女性散文·評論篇》（台北：麥田，2006 年），頁 19。

的分界：第一階段是 1906 年至 1920 年的童年時期；第二階段是 1920 年至 1930 年，是備嘗艱辛的青少女時期；接著的 1930 年至 1970 年則是她人生的黃金階段，〔註26〕除了赴日本留學，也到台灣工作，在 1948 年這一年，謝冰瑩帶著女兒莉莉，因應師範學院國文系主任高鴻縉的邀約赴台任教，其夫婿達明也隨後來台；1971 年始，便客居美國，直至 2001 年身歿舊金山。

　　《女兵日記》是謝冰瑩成名的首作，然而其背後支持她理念的便是這種挑戰傳統的意識與決心。她曾自言：「在這個偉大的時代裡，我忘記了自己是女人……我只想跑到戰場上去流血，再也不願為著自身的什麼婚姻而流淚嘆息了。」〔註 27〕踏上保家衛國之路是謝冰瑩的自我選擇，除了大時代環境的因素之外，她心中有一股強烈的反傳統意志，這一份意志讓她走出閨閣的藩籬，擁抱自主與獨立，也深深影響她對旅行的看法。

　　女性的「旅行」在中國傳統中是不尋常的行為，胡錦媛曾提出男性、女性與家庭、旅行的關係：

> 在家中缺席的是男人，在旅行中缺席的是女人，女性從來不被鼓勵向外發展，旅行的歷史清楚呈現一個事實：女性從未和男性一般擁有途徑上路。不論是裹著小腳的中國女人或是穿鋼架束腹的西方女人，她們都受到社會與文化的雙重束縛，鮮少得以出外旅行。女人的缺席反襯出旅行的世界是一個男人追尋新奇殊異事物（the foreign）的領域。〔註28〕

謝冰瑩在渡海來台之前，便曾經以情報員的身分，遠渡重洋乘船至日本，因工作需要走出家庭的她，早已用親身經歷挑戰傳統女性的生活經驗。

　　女兵的工作原本就較一般女性特殊，兩度日本的遷徙歷程也提供給她不少書寫的材料，然而，她的日本經驗是相當負面、慘痛的回憶。1948 年謝冰瑩來到台灣之前，她前半生都是在兵荒馬亂的歲月中度過，但是她卻沒有停止遷徙，反而一次又一次地投入域外旅行，也因此謝冰瑩可說是一位積極昂揚的女遊者，而這一份精神來自於女兵精神的自勵與奮發。

〔註26〕崔家瑜《謝冰瑩及其作品研究》（東吳大學中國文學系在職專班碩士論文，2006 年），頁 29～46。

〔註27〕應鳳凰、鄭秀婷〈馳騁沙場與文學創作的不老女兵──謝冰瑩〉，見「五○年代文藝雜誌及作家資料庫」，取自 http://tlm50.twl.ncku.edu.tw/wwxby1.html。

〔註28〕胡錦媛〈繞著地球跑（下）──當代台灣旅行文學〉，見《幼獅文藝》第 516 期（1996 年 12 月），頁 51～52。

二、傳統遊記的賡續與發展

　　第一批渡海來台的女作家中，蘇雪林固然早已卓然成家、享名文壇，甚至以紀遊詩受到關注與肯定，然而在遷台之前，最擅寫遊記的女作家則非謝冰瑩莫屬，梅新林、俞樟華主編的《中國遊記文學史》中即肯定了謝冰瑩是傳統式中國遊記的書寫大家，作品多樣，且文風鮮明，代表作有：〈黃昏〉、〈愛晚亭〉、〈秋之晨〉、〈獨秀峰〉、〈龍隱岩〉、〈乳花洞〉、〈華山遊記〉、〈珞珈之遊〉、〈濟南散記〉等，都是在執著的愛的信念、愛的追求中顯示了優美和諧的風格。〔註 29〕這些作品質量並重，是故謝冰瑩早年遊歷山水、書寫中國的經驗，培養了她壯闊的胸襟與氣度，讓她能夠在時代變局之下，依舊保有積極的人生態度。

　　中國遊記的發展自酈道元《水經注》以降，歷經不同時代的書寫，作家筆下的名山勝水各具千秋、風貌萬種，余光中〈杖底煙霞〉一文對傳統遊記書寫進行點評。大體而言，自五四以降，文言書寫轉變為白話體式，文句邏輯與修辭美感的審美標準亦隨之改變，遊記的創作有了巨大的變動，余光中斷言：「清人不如明人，民國初年的作家更不如清。」〔註 30〕除了對徐志摩〈我所知道的康橋〉一文略為稱許外，其餘皆不予置評，也因此對於女作家的評論更是付之闕如。

　　其實女性面對山水之際，必然有自己觀看的方式以及思考架構，蘇雪林的遊記作品附麗於宗教情懷上，對於旅行書寫的自覺略為模糊，但是謝冰瑩對於自己的旅行意識就相當明朗，她曾自言：

> 我的性情好動，生平喜歡旅行，青年時代曾有周遊世界的幻想，如今知道這是經濟力量不能達到的事情；但願打回大陸之後，周遊全國的名山大川，學徐霞客、老殘他們的榜樣，寄情於山水之間。
>
> 〔註 31〕

她以徐霞客、老殘作為效法的對象，以傳統山水作為遊覽觀看的客體。徐霞客豪邁名世、縱情山水，而老殘雖為劉鶚託寓之人物，但是老殘一角個性鮮明，對於遊覽名山大川亦頗有知性率真之姿態與見解，因此謝冰瑩的遊記可說是「呈露出突破感情壓抑和女性固有的陰柔之美的傾向，體現出一定的觀

〔註 29〕梅新林、俞樟華主編《中國遊記文學史》（上海：學林，2004 年），頁 465。

〔註 30〕余光中《從徐霞客到梵谷》（台北：九歌，2006 年），頁 54。

〔註 31〕謝冰瑩《我的回憶》（台北：三民，1967 年），頁 14。

照人生、高揚主體的現代性。」〔註 32〕她承繼中國文人傳統遊覽意識的豪壯情懷，在女性旅行書寫史上增添一抹昂揚快意。

張瑞芬認為 1949 年隨著右派文人傳承到台灣來的散文，的的確確承繼了五四文學「言志的」、「個人性」的主要潮流，這也說明台灣當代散文與中國新文學源頭有著不容切割的關係；〔註 33〕鹿憶鹿也認為：「中國的文人遊記，不管到任何地方都會提醒著蒼生的苦難、民族的興衰。」〔註 34〕因此，謝冰瑩的女兵生涯使她懷抱著反抗傳統的女性意志，五四運動的洗禮使她服膺自由主義，並帶來堅定的自信，她與男性作家共同承擔歷史責任，懷抱憂國憂民的情懷、經世致用的關切；因此，女性透過旅行而得以觀看世界各地的風光，旅行成為一種接觸社會、了解社會的工具與目的，旅行更構築了女性身分與當代社會對話的可能性。

旅行的姿態有多種形式，女作家的書寫使得台灣遊記呈現出兼容並蓄的多元性，余光中曾稱許「智、仁、勇」合一的旅人典範：

> 樂山樂水的人應該是仁者兼智者，有時更是徐霞客式的勇者。
> 〔註 35〕

謝冰瑩的典範來自徐霞客精神，對她而言，探索遠方的未知是人生一大樂事，登山臨水不只是觀覽風光，更是傳遞旅人心中對「出發」的嚮往與熱切。徐霞客正是謝冰瑩心目中所崇尚的遊人典範，因此，謝冰瑩以自身對傳統的挑戰，延續了中國遊人的歷史價值，也建立台灣女作家出遊的典範。

三、教育文化之眼：南洋、美國去來

台灣在九○年代以降，探討女性旅行意義以及分享女性出走的書籍如雨後春筍開展，探渠訪源，謝冰瑩是台灣文學史上第一位出版遊記的女作家。《菲島記遊》（1957）是謝冰瑩第一本遊記，形式上是本輕薄簡便的手札。原來 1946 年是菲律賓獨立之年，謝冰瑩搭著軍艦前往菲律賓，目的是「蒐集寫作材料」與「迎接僑胞」。全書採用時間順敘法，從出發描寫至歸國為止，內容包含：船行風光、街頭即景、參訪經歷等，甚至連出入海關的過程都鉅細靡遺加以描述，或許是在早期出國不易的年代中，辦理各項出國手續也是種

〔註 32〕梅新林、俞樟華主編《中國遊記文學史》（上海：學林，2004 年），頁 466。
〔註 33〕張瑞芬《台灣當代女性散文史論》（台北：麥田，2007 年），頁 23。
〔註 34〕鹿憶鹿《走看九○年代台灣的散文》（台北：台灣學生，1998 年），頁 140。
〔註 35〕余光中《從徐霞客到梵谷》（台北：九歌，2006 年），頁 55。

特別的經驗。

此趟旅程只有短短四天，謝冰瑩只能寫出當地較表層的文化現象，並運用對話形式、問答的語氣來描摹當地的狀況。接觸異文化時，她往往流露出主觀的中國意識，認為中國文化優於當地，並體認到菲島居民亟需中華文化之灌注，因此在〈參觀學校〉、〈憑弔義山〉、〈王彬街巡禮〉等文章中，都可見到她志於改善華人生活環境、推廣孔教文化的抱負。

對謝冰瑩而言，能夠四處旅行是人生一大願望，只要能夠有機會離開原有的生活圈，她就會盡力尋求、主動爭取，因此在字裡行間，總掩蓋不了其奮發的精神氣概：

> 我真想將來有一天能參加一個探險隊，周遊那些世界未曾到過的地
> 方，明知自己到了知命之年，加以三十年來終日勞碌，沒有休息的
> 日子，生命不會留給我很多的時間，然而我這顆童心始終和青年時
> 代一樣：我有很多幻想，更有無窮的希望；我愛旅行，也喜歡冒
> 險。〔註36〕

也因此謝冰瑩在 1948 年擔任師範學院教授時，便得以藉著教育交流的機會前往新加坡以及馬來西亞教學、旅行，當時她並沒有立刻將出訪心得結集出版，延至五、六○年代時，《冰瑩遊記》（1955）、《馬來亞遊記》（1961）、《海天漫遊》（1968）才一一問世。

中國與南洋國家的交流歷史源遠流長，在政治、文化、商旅上的互動都相當頻繁，謝冰瑩本著教育的目的前往該國遊歷，推廣華文教學之餘，也拓增了女性的生活空間。然而在追求夢想之餘，或許是半生奔波，謝冰瑩既渴望向外飛翔探索，潛意識中也希望有安身立命之所，因此，當置身於充滿異國風情的環境中，她也坦承自己的思鄉：

> 三年零一個月的日子其實很短；然而在我看來，它卻比三十年、四
> 十年還長。我永遠忘不了初抵馬來亞那時的生活，每當我聽到那些
> 馬來歌聲、印度音樂時，我便特別想念台灣。〔註37〕

在該文中，她不但想念台灣，也呼喚「祖國」不下十數次。台灣是溫暖的家庭所在，中國則是記憶中的生根之處，謝冰瑩除了展現大時代裡中國人對於文化歸屬的嚮往，也暗示她對國家不變而迂迴的關懷。

〔註36〕謝冰瑩《菲島記遊》（台北：力行，1957 年），頁 19。
〔註37〕謝冰瑩《生命的光輝》（台北：三民，1971 年），頁 1。

　　除了南洋之行，她也曾前往二十一世紀的世界強國──美國。歲月的積累與體力的衰退，讓謝冰瑩晚年的書寫風格不同於青壯年期的豪邁瀟灑，如果說她在旅居南洋時，是帶著奮鬥精神的出征，那麼美國舊金山的歲月便是遠距的欣賞與生活的體驗。

　　謝冰瑩的美國之旅共有兩次，分別在 1968 年和 1971 年，在她赴美之際，謝冰瑩已年近桑榆，當時她的生活重心主要在於述作與教學，兩度舊金山之行乃是為了與親人團聚。不同於南洋遊記的書寫形式及人文關懷，《舊金山的霧》一書中呈現了謝冰瑩深入當地的旅行生活及觀察視野，書中多為親情生活與日常瑣事的記錄。

　　她的南洋與美國遊記中呈現了不一樣的異地風情以及旅人見聞，這些亞洲與美洲的旅行對她而言是截然不同的生命記憶。無論從南洋或美國遊記來看，「教育」與「文化」一向是她關注的焦點。謝冰瑩慣於考察當地的學校教育，從小學到大學，從教室內學生的學習態度、到教室外學生的表現，都是她書寫的範圍；她還進一步探索教育與國力之間的關係，並認為唯有推廣教育，才能夠國富民強，這樣的思想和憂患出身的背景不無關係。

　　然而，謝冰瑩並未一味地讚嘆西方文明，她嘗試客觀呈現中、西文化差異之處，並以中國儒家文化的背景來思考當代強權大國的制度，如〈美國的大學生〉中，謝冰瑩列出了美國教育的優缺，〈美國的小學教育〉關注了在美華文教育的必要性，〈安全島上的老人和鴿子〉則感嘆美國小家庭制度欠缺我國的敬老尊賢文化，其他諸如婚姻制度、環保題材、嬉皮現象……等次文化內容，都在她的作品中具體呈現。

　　值得一提的是謝冰瑩對於女性的關注，如：美國女學生的穿著、美國家庭主婦的生活……等，中、西女性各自浸染在不同文化背景之下，在思想及行為上差異頗多，藉由謝冰瑩的觀察與記錄，不僅彰顯了國家民情的差異，女作家書寫其他女性的生活，也暗示著女性意識的覺醒。

Sverre Lysgaard（1923～1994）提出一種 U 型的「跨文化適應模式」，以呈現旅者客居異國時面對文化落差的適應過程：旅者初至異地時是較膚淺的階段，過了一段時間，當旅者尋求與東道國的居民建立更深層的人際關係的時候，開始出現語言問題以及隨之而來的挫敗、迷惑、誤解與孤獨；再過一段時間，旅居者開始學會交朋友，逐漸熟悉當地文化環境。〔註 38〕不同於早

〔註38〕安然《跨文化傳播與適應研究》（北京：新華，2011 年），頁 44～45。

年的山水之作，謝冰瑩在遷台以降書寫的域外遊記是帶著豐富的時空移動經驗，再與多種異文化碰撞，她勢必經過適應的階段，才能眞正深入對方的生活，而藉由這種觀察的視角，除了理解異域文化外，也有助於更好地理解自己的位置。

藉由謝冰瑩的南洋與美國經驗，可以觀看到這一位從中國帶著憂患意識前來的女性勇者，如何與不同文化的國家進行觀念的交涉與溝通，從中國山水中走出來關懷世界，她要面對的並不只是大自然的異動，而是整個文化背景的差異，使自己全然置身於兩種生活模式中，再運用原有的知識來客觀評論，這也是女性在新時代必須面對的新課題。

從反抗傳統的女兵、到關懷教育文化的研究者，從中國輾轉來到台灣、再遠赴南洋與美國，無論是教育的傳播，或是文明的吸收，她的足跡所指，透過遊記留下了女性跨足多地、互動對話的過程，也樹立了一種因時之會、反映當代的文明高度。

第四節　靜觀世界：徐鍾珮的中西視野

一、從女記者到外交夫人

許多台灣文學研究中，評論者往往將徐鍾珮（1917～2006）與鍾梅音（1922～1984）兩位女作家相提並論，如 2007 年李雅情的碩士論文《徐鍾珮、鍾梅音遊記散文研究》中提到：「徐鍾珮和鍾梅音二人年紀相仿，寫作年代相近，其中更是以遊記散文風靡一時，也開啓日後女性旅遊文學的先鋒。」〔註39〕

兩人固然有許多相似之處，然而本文將徐鍾珮獨立置於第一階段（五〇年代作家作品）中進行探討，除了參照前人研究成果外，徐鍾珮在遷台之前早已有過豐富的寫作經驗，並有發表、出版作品的紀錄，亦樹立了乾淨、俐落的文章特質，在跨越國土的經驗以及域外作品的書寫上，她的啓蒙階段也比鍾梅音更早。〔註40〕

〔註39〕李雅情《徐鍾珮、鍾梅音遊記散文研究》（東海大學中國文學研究所碩士論文，2007 年），頁 2。
〔註40〕徐鍾珮第一次域外經驗是遷台前於 1945～1947 年駐於英倫，鍾梅音則是遷台後於 1964 年環遊各國八十天，兩者皆是在第一次域外遊歷時下筆爲文。

　　徐鍾珮在尚未遷台前，便是一位活躍於社會上的新女性，她是中國歷史上第一位女記者，自 1939 年始，22 歲的她便以徐鍾珮的本名發表作品；1945 那一年，正值 28 歲的她擔任《中央日報》派駐英國倫敦的記者，兩年的時間內足跡遍及巴黎、柏林等地，她在 1948 年返回南京後，將專欄遊記散文整理付梓，該年由中央日報社出版《英倫歸來》、《英倫閒話》等作品；到了 1950 年徐鍾珮遷台之後，英倫系列亦在 1954 年由重光文藝出版社重印，1964 年及 1969 年文星出版社以及大林出版社也以《多少英倫舊事》為書名整理重印，1977 年大林出版社再度更名為《靜靜的倫敦》。

　　持續出版的過程不僅反映了徐鍾珮遊記廣受歡迎的程度，也為域外旅行不易的國內環境提供境外的想像空間，這些都是徐鍾珮在擔任記者的那段年輕歲月留下的紀錄，書中主要的內容也多為國際局勢的客觀書寫。其實這些作品只能反映徐鍾珮文學生命史的片段成果，如果要完整地了解她的書寫風格與特色，必須進一步地留意其外在境遇、寫作意識，並且透過時代氛圍的變遷來探照，才能夠更全面性地予以公允評價，因此，她的足跡轉移到台灣之後，必然會受到國際情勢與生活環境的影響。

　　在徐鍾珮的生命過程中，1950 年和 1956 年都是人生重要的轉捩點：1950 年因國家政權的轉移而遷到台灣，1956 年則因夫婿朱撫松外交工作之故，改寫了她的發聲位置。1950 年前，徐鍾珮是中國第一女記者，就職別而言，記者是社會現象的觀察者與記錄者，以翔實、客觀為原則，1956 年以降，離開台灣後的生命經驗影響她心靈甚鉅，她從一位職場上樂於工作的女性，化為跟隨丈夫東奔西走的外交官夫人，張瑞芬認為她的書寫立場經過轉換：

　　　　原先較以新聞記者角度創作，五○年代初在台北才轉換成散文家身

　　　　分。〔註41〕

不同於報導文體的中立性，散文的創作原則在於自由，〔註 42〕因此，她必須轉換發聲之身分，斟酌修詞構句，轉變的同時，也使她較能發揮自己的個性，創作形式更自由獨立的作品；另一方面，外交生活與記者身分相較，她參訪的機會更多，書寫的題材也更多元，她先後到過美國、加拿大、西班牙、巴西、韓國等地，長期在域外生活是一種全新的體驗，這些旅居的地方以及

〔註41〕張瑞芬《台灣當代女性散文史論》（台北：麥田，2007 年），頁 127。

〔註42〕阿盛主編《散文 30 家》：「散文貴在自由——體例的自由、選材的自由、篇幅的自由、表達思想的自由。」（台北：九歌，2008 年），頁 8。

旅途的經驗，都是國內讀者非常感興趣的內容。

此外，向陽認爲書寫的視點會影響文章的風格：

> 散文的書寫，無論感性或知性，皆以「我」爲出發點，寫個人的生
> 活經驗、生命探索或對思想的領悟；其次，散文的探照範圍，無論
> 抒情或敘事、論理，皆爲「片段」的感知，一如巴特所稱，乃是
> 「片段的寫作」，作者在即物、即事、即時、即地之際，抒其感
> 慨、述其心聲而成文，這是散文的普遍形式，讀者的領悟因而也可
> 能是片段的；第三，散文的內容主要是表現感知世界，無論寫個人
> 感覺或寫大我的感覺，無論敘述個人的知性體悟或思想論述，基本
> 上出於作者眞切的感知，表現作者的人格特質、生命情調和學識涵
> 養。〔註43〕

因此，我們必須重視徐鍾珮在創作視角上的轉換，她的轉換模式，可說是從
「小我」到「大我」的取向，從一名中國的女記者開始，理性的徐鍾珮奠定
了書寫的紮實基礎，而從外交官夫人的視角出發，她觀看的文化面向更廣
遠、也更深入。

李雅情在《徐鍾珮鍾梅音遊記散文研究》中認爲：《英倫歸來》作品的癡
誠，取決於置身英國社會的她對祖國命運的關切與思索；而《追憶西班牙》
的那種從容不迫、娓娓道來，則是基於公使夫人悠閒、高雅的生活。〔註44〕
然而，無論是記者生涯的倫敦、或是外交官夫人所見的西班牙，徐鍾珮都不
脫以「旁觀者」的身分，用凝練細緻的書寫來觀察身旁事物，這些位移的歷
程、身分的轉換，影響了她心靈層次的成熟度，這些階段也恰恰標誌了徐鍾
珮遊記作品風格的特殊性。

二、歷史凝視・中西對望：西班牙的外交歲月

呼應於一個女記者身分的觀看視角，早期徐鍾珮書寫域外經驗的方式往
往是具有規範性、約束性的，她在〈我曾經是一個記者〉中便提及：新聞寫
作的特色是盡量要求眞實，而且須假定讀者很匆忙，故寫作應立刻切入主
題、字數盡量在兩千字左右；而好的記者須帶幾分幽默感；敘事應中立客

〔註43〕向陽主編《二十世紀台灣文學金典》（台北：聯合文學，2006年），頁18。
〔註44〕李雅情《徐鍾珮、鍾梅音遊記散文研究》（東海大學中國文學研究所碩士論文，
　　　　2007年），頁33。

觀；以所寫的對象爲主，盡量抽離主觀因素……等，〔註 45〕對於記者之職的下筆原則，徐鍾珮拿捏得甚有自信。卸職之後，她一面念念不忘原先的記者夢，一面追隨夫婿朱撫松走訪世界，這樣的人生轉變也影響她的心境，使她的域外作品呈現了前後不同的書寫風格。

1956 年，徐鍾珮伴隨著朱撫松就職美國而離開台灣，其實自旅居異國始，她未曾提筆書寫異國生活所見所聞；1961 年隨朱撫松返台更職後，徐鍾珮又在 1964 年至 1969 年間隨之派駐西班牙，這才動筆創作《追憶西班牙》諸文。在徐鍾珮寄給林海音的信中提到：「在我提筆寫西班牙時，我束手縛腳，不敢放手。……我覺得我不易把理智和感情平衡，也不易把歷史和現實的成份，配得恰到好處。這些都是我當年寫『英倫歸來』時沒有考慮過的問題。」〔註 46〕經歷了早期的記者生涯，英倫系列的書寫經驗的確使徐鍾珮訓練出乾淨俐落、言語節制的省淨筆法，然而任何一位作家的生命變化與生活際遇，卻會實實在在地影響其價值觀與感受力，徐鍾珮的創作瓶頸使她開始思考：如何安置書寫內容的各項成份？如何分配寫實與想像的比例？如何在表現自我與客觀資料間取得平衡？這些思考也代表了一個作家創作的自覺以及進步的歷程。

女性文學批評家鄭明娳曾認爲：「她的職業和身分，限制了她的觀點，也限制了她的文學發展。她在《中央日報》、『中央通訊社』的工作，使她的觀察角度成爲和『中央』吻合的唯一視角。後來的外交官夫人身分，使她一舉手一投足都代表了國家，無形中她失去自己的超然立場與發言權，且漸漸完全接受體制內的價值觀與意識型態。」〔註 47〕然而，任何一種文學視野都免不了接受時代的任務、以及身分的圍限，徐鍾珮自言進行西班牙書寫時，身心都較以往成熟，好友姚葳曾說：

> 她雖貴爲大使夫人，且在國際宴飲之際，仍然不摒棄細密的觀察和辨析，也使得我們追隨她的牽引，到了西班牙瑰麗的皇宮等等。她也很偶然的如繁星流過天空，閃爍出一兩篇散文在報章之上，她說：「我們現在要寫文章，必須要超越自己。」所以她是一個對自己也對讀者負責的作家……她的文章最成功之處是用淡淡的字句表達

〔註 45〕徐鍾珮《靜靜的倫敦》（台北：大林，1973 年），頁 63～67。
〔註 46〕林海音〈夜讀追憶西班牙〉，見徐鍾珮《追憶西班牙》（台北：純文學，1976 年），頁 3。
〔註 47〕鄭明娳編《台灣當代女性文學論》（台北：時報文化，1993 年），頁 328。

最深遠的意境。〔註48〕

徐鍾珮已建立了不同以往的風格，她那理性心靈雖不曾隨著身分改變，但是
下筆之際，已懂得掌握創作另一種書寫境界。

《追憶西班牙》一書中，徐鍾珮著重於描繪西班牙的政治遺產、文化故
跡，如皇宮、文物展覽館等。世界上任一保存歷史文物之處，皆是充滿歷史
資本文化的特定場所，將歷史作爲觀光資源的目的在於展現國家的權力結
構，徐鍾珮往往藉由參觀皇宮、花園的經驗，不忘把握提問的機會，對異國
文化追根究柢，再運用文字娓娓道來，因此豐富的外交生活、高度的文化自
覺、圓融的理智慧心，都讓她用更高的視野來書寫，加以從記者生涯中歷練
而來的乾淨文筆，展現了徐鍾珮遊記在品質上的成長。

此外，凝視的方式往往決定了旅行的意義，面對同一個地方，觀光客及
當地居民的眼中必然有所差異，久住的居民和新來的居民所見也有不同。萊
特主張：「就算是同屬一地的人們，他們所居住的其實並非同一世界，因爲所
謂的同一個社區或地區根本就不存在，對某個人來說古意盎然的事物，在另
一個人的眼裡只是腐朽破敗而已。」〔註49〕外交的生活使徐鍾珮有機會長駐
異地，不同於暫時停留的旅行方式，徐鍾珮偶爾會用當地居民的眼光來審視
自身環境。因此徐鍾珮的西班牙經驗迥異於一般觀光的「尚奇之眼」，她所停
留的時間較久，且能具體全面地感受當地生活，如〈觀光和觀光客〉一文
中，她把自己抽離出觀光客的身分，深刻體驗西班牙各地景況：

> 南部的賽各比亞，北部的本潑隆那、東部的凡倫西亞，都有不同的
> 節日。……我最愛西班牙的小村，小村裡沒有熙來攘往的觀光客。
> 因爲長年少雨，新刷的粉牆可以長久保持潔白。村中婦女，不停的
> 用掃把掃大門口，掃得馬路上乾乾淨淨。樓上靠街的陽台上，萬紫
> 千紅，放著若干盆花草，雜在古屋間，特別透著新鮮。〔註50〕

若不是長久停居，便無法深入觀察、仔細比較，徐鍾珮的書寫較之前人，更
能細密地發掘所到之地豐富的歷史以及文化，這一些深入的社會觀察才是西
班牙所蘊藏的瑰麗寶庫。

〔註48〕 姚葳〈鍾珮其人〉，見徐鍾珮《我在台北及其他》（台北：純文學，1986 年），
頁 311。

〔註49〕 John Urry 著，國立編譯館主譯《觀光客的凝視》（台北：書林，2007 年），頁
200。

〔註50〕 徐鍾珮《追憶西班牙》（台北：純文學，1976 年），頁 104～105。

此外，在創作的自覺上，徐鍾珮曾經認爲：「我們中國人旅行時講究風土人情，山川人物，人物和風景並重，見山水而不見人物，也是一個缺陷。」〔註51〕其實，國民政府遷徙來台之際，動盪的社會氛圍亟需穩定的力量來安定眾人的心靈，台灣是一海島型國家，人們面對歐陸文化的錯綜豐富時，對世界的思考與解讀方式都顯得較爲片面、薄弱，因此徐鍾珮的遊記在分享異國點滴時，也形成一種傳遞知識的過程，她對於文化的探賾考察與民間風俗的深入體驗，傳播了西方文化的深厚廣博，她的書寫內容也改造了遊記文學書寫中登山臨水、描摹奇人異景的傳統，是故她將歷史文化的色彩編織於遊記文學的行列中，正好反映出一位慧眼獨具的作家，致力書寫自由心靈以及豐富異國文化的過程。她用心觀看世界變化、體驗域外百態，正如彭歌所肯定的：「求之當世，可謂一時獨步，世間作家，有此才華，未必有此際遇；有此際遇，未必有此慧心。」〔註52〕

三、台北我的家：轉化與出發

徐鍾珮對於書寫場域的認知相當敏感，無論是中國時期的《英倫歸來》、《英倫閒話》或遷台以後的《追憶西班牙》，這些域外遊記作品俱以地理位置作爲題名，標誌著人與地之間的對應關係。

女作家面對身體與環境的互動時，往往不只被動的適應，更在於主動的探索。1950 年遷台之後，徐鍾珮在《我在台北》系列作品中，不時提到自己在台北的心情寫照，銘刻生命當下的地理座標。對徐鍾珮而言，從中國到台灣並不是一段期待中的旅程，或許對於她而言，真正的「遊」在於心靈的釋放、以及自覺的呈顯，而非徒然身體移動，因此她總在敏銳地確認自己的地理位置時，也讓心靈隨之畫定疆界。

初至台北的徐鍾珮，往往在茫然賦閒中度過，對於一同遷台朋友們的嘈雜聊天、消遣度日，她總「斜伏在我捲好的鋪蓋上，感到出奇的煩躁。」〔註53〕即便如此，她也只得「強顏歡笑的把這八個榻榻米的房間，暫作避秦的桃花源。」〔註54〕直到作者尋覓到了一個位於川端橋畔、有藍色欄杆及藍色小門的屋子時，才安心自在地說：「如何喜悅，我們居然又有了家！粗枝大

〔註51〕徐鍾珮《追憶西班牙》（台北：純文學，1976 年），頁 110。
〔註52〕彭歌〈蒼茫人意〉，見《聯合報》（1976 年 6 月 9 日）。
〔註53〕徐鍾珮《徐鍾珮自選集》（台北：黎明，1981 年），頁 87。
〔註54〕徐鍾珮《徐鍾珮自選集》（台北：黎明，1981 年），頁 87。

葉的，居然就像了一個家。」〔註55〕惟有指認出自己安定的所在，才能夠轉化漂泊的無依心靈，因此儘管身處工作與家庭的矛盾當中，她仍然不掩對於重建家庭、生根立命的新生活感到喜悅。徐鍾珮的沉澱與再度出發，正好標誌著亂離當中的女性如何回應環境考驗的過程。

司徒衛認為：「家的溫暖本來就在人性裡佔有厚重的份量；何況作者是女性？更何況一個『乾淨舒適的家』建立在如今的『亂離時節』？」〔註56〕尋找家園帶來的安定感及家人的溫暖，是徐鍾珮得以轉換身分與立場，並且再度出發的力量。研究遷台作家的許珮馨認為：「這群遷台女作家雖如飛絮飄蓬各在一方，但是書寫自己的新家園成了他們來台展開創作的第一堂課。」〔註57〕文學的記錄必須在消弭混沌之後，才能夠自我觀照，並且在身心平衡的寧靜狀態中自我對話、書寫生命。

然而相較於回不去的赤地中國，台灣儼然成了徐鍾珮寄託身心的新故鄉，而旅行在「出發／回歸」的架構中，旅人必須先確認出發的座標點，任何範圍的移動才具有「遊」的意義，也才有「遊記」書寫的可能性。

第五節　結語：逆風而行的女遊者

一、書寫版圖之拓展

1949 年國民政府遷徙來台之際，許多作家也因此離開中國大陸來台生根，他們將台灣視為暫時居留的過渡地，在這樣一個充滿集體反共意識的年代，部分遷台作家並未「直把杭州作汴州」。在文學外部的觀察上，多數作家服膺於政壇的指導；在文學內部的源流上，則承繼自五四文化的傳統根源。

當時國民政府制定了許多相關的反共文藝政策，當男作家致力於反共、愛國一元意識的同時，女作家則以另一種文學姿態書寫生活見聞，默默耕耘文壇。陳芳明認為這一階段的女作家有以下特色：

> 她們的細膩書寫，以及與社會現實的接觸，讓一九五〇年代文學的
> 政治色彩獲得了稀釋，更確切地說，從政治功能而言，這段時期的

〔註55〕徐鍾珮《徐鍾珮自選集》（台北：黎明，1981 年），頁 87。
〔註56〕司徒衛《五十年代文學論評》（台北：成文，1971 年），頁 50。
〔註57〕許珮馨《五〇年代的遷台女作家散文研究》（台灣師範大學國文研究所博士論文，2005 年），頁 169。

> 女性作家只是屬於反共文學的從屬角色……從文學風格而言，她們
> 的思考方式在反共體制內部已逐漸產生從量到質變的發酵作用。
> 〔註58〕

在所有女作家當中，有機會出國遠遊的蘇雪林、謝冰瑩及徐鍾珮，便在台灣文壇書寫域外風光，用遊記開展了台灣散文的向度，而這些具有開創意義的書寫，也連結了全球化進程中不可避免的旅行經驗。

這些遷台女作家平日除了經營家庭生活外，也喜愛結交女性文友；梅新林、俞樟華在其主編的《中國遊記文學史》中，認為她們在書寫上有一個共性：

> 往往帶著沉重的時代色彩和鮮明個性，在內容上除了承繼古典遊記
> 的傳統題材外，還努力向現實生活開拓。〔註59〕

她們從既有的五四運動精神中挖掘文化養分，努力地在台灣文壇披荊斬棘、播種生根。因此，在這階段的域外遊記書寫中，女性的參與具有相當特殊的意義。古繼堂亦認為：

> 在台灣「反共」和「懷鄉」文學盛行的五〇年代，台灣女性文學作
> 品恰似一陣清新之風，給文壇帶來新的生機和活力。〔註60〕

在這段苦悶嚴肅的時代中，蘇雪林將以往在中國遊歷的養分轉而關注歐洲；謝冰瑩在馬來西亞教學的同時，思索著中國文化的傳播，並且在美國注意教育與婦女；徐鍾珮亦延續英倫報導經驗，轉而書寫西班牙外交生活的點滴。她們從中國來台，再從台灣出發，除了回望神州大陸，也在不知不覺中開始將觀察所得回應台灣文壇，灌注了台灣女性遊記文學豐沛的始源。

事實上，在文學發展過程中，各項題材、體式、書寫意識，往往會藉由政治、教育或經濟的角力，自然而然隨著作家的輾轉遷徙而在異域開花結果。因此在這段亂離的年代，當本省籍女作家默默一隅而尚未興起時，這些域外遊記便豐富了時人的枯槁心靈。雖然流行於當時的文壇主流是「反共文學」，但女作家書寫異地生活經驗的作品除了是文學史的新嘗試，也暗示了社會嚮往的另一種生活樣貌；更重要的是，這股力量恰恰舒緩了男性主導下文壇的嚴肅氛圍，除了使台灣散文文類的發展有了較成熟的開端，也樹立台灣

〔註58〕 陳芳明《台灣新文學史》（台北：聯經，2011 年），頁 274～275。
〔註59〕 梅新林、俞樟華主編《中國遊記文學史》（上海：學林，2004 年），頁 416。
〔註60〕 古繼堂《簡明台灣文學史》（台北：人間，2003 年），頁 254～255。

女性文學獨立的姿態。

　　是故立基於五四文化下自由精神的女作家便發揮著各自的努力，或書寫海外教育、或書寫生活體驗、或書寫宗教生活，在題材上開拓了遊記的內容，在遊歷的疆界及旅行的意義上都呈顯了高度的成長。

　　另一方面，女性常常被歷史話語塑造成擅於等待的被動者，而非行腳天下的主動者，不僅文學史中的女性常常缺席，遊記創作在女性作品中一直是一個極大的缺口。其實自中國海運開通以降，女性的遊歷經驗漸漸受到重視，如單士釐便是第一位正式提筆書寫域外遊記的女作家。而從蘇雪林以降，台灣文壇上的女性域外遊記亦漸漸呈現其生機蓬勃的發展姿態，從這批遷台女作家開始，不僅官方文壇的書寫版圖日益拓增，在女性文學的脈絡中，也呈現了成長的契機。

二、鄉關何處？她們的家國情思

　　女作家遷台之際，她們對自己的家國認同必然產生變動，黃錦樹認為：

> 一九四九年前後隨著國民政府大潰敗渡海來台的軍民作為「外省人」的第一代，他們對中國大地及現代史的情感和記憶、對民國的認同，和他們在台灣土生土長的子女輩是截然不同的；隨著時間的推移，民國漸漸等於台灣，它和中國山河大地的聯繫沒有經驗上的真實性，那僅僅等於歷史（早已結束的歷史），或者想像。〔註61〕

然而，是否所有的女作家在移動歷程中都同時指涉相同的故鄉？而產生認同、或不認同的過程中呈現怎樣的位移？原本對中國山水的記憶是否隨著時間漸漸模糊？而這一些記憶與女作家旅行異域時形成怎樣的互動？

　　厦台之際已逾天命之年的蘇雪林，總認為自己半生漂泊，旅行異地實非己願，因而她的旅行是為了尋求心中的安定感，中國山水似乎已經深深地留影腦中，伴隨她前往不同國度：

> 注目高天如如不動的白雲，忽覺一縷鄉愁，裊然起於領海，想起前年這時候，我尚優遊於珞珈湖畔，去年這時候則已在香江，今年竟來到萬里以外的羅馬，世事倉皇，變化是太多了！回憶八年抗戰，歷盡艱辛，好容易盼得和平到來，誰知竟是一場春夢，我又被逼上

〔註61〕黃錦樹〈在流浪的盡頭〉，見王德威、陳思和、許子東主編《一九四九以後》（香港：Oxdord University Press，2010 年），頁 211。

征途。〔註62〕

蘇雪林印象中的中國即便戰亂多舛，依舊是自己的家鄉，面對長途長時的跋涉，她較少感動於異國文化的新鮮美好，反而啓動了心中思鄉的愁緒。

對於謝冰瑩而言，台灣原本就不是故鄉，只是一個驛站。在〈追念高鴻縉先生〉一文中，謝冰瑩提到民國35年中國動盪之際，當她得知可能有機會來到台灣時曾喜悅地說：

> 去台灣？眞的？聽說那是個四季如春，風景優美的世外桃源……假如有我教書的機會，請幫幫忙，我也想去那邊玩玩，不論是一年半載都好。〔註63〕

原本只想要停留一年半載的時間，卻在遷台之後久居於此，因爲隨著生活的安定，家人朋友環繞身邊，台灣也漸漸成爲謝冰瑩情感牽繫的所在，在離台前往馬來西亞教學時，她的不捨之情溢於文中：

> 來台九年，除了到菲律賓一次，我沒有想過我這座小房子。……奇怪，人的感情有時候顯得特別脆弱，就拿我此刻來說吧！我一面寫，一面傷心，我不知道究竟要多少時候才能回來，也許一年半載，也許三年、五年。我捨不得台灣，更捨不得住在台灣的親友，還有那許許多多的學生和讀者。〔註64〕

可見對她而言，台灣則因爲有最親近的伴侶、家人，因此漸漸取代了中國，成爲自己最依賴的「家」。但是在她心目中，「中國」永遠是文化的根源，也是思想植生之處，這點表現在傳統懷鄉文學的轉移上。謝冰瑩曾引李陵的「遠託異國，昔人所悲，望風懷想，能不依依」表達眷戀故國之情，她也曾自問自答：

> 「歸去來兮，田園將蕪胡不歸……」有時下課歸來，拖著疲倦的身子，往床上一躺，不覺念起陶淵明的文章來。「你根本沒有田園，說什麼荒蕪不荒蕪？」不知是那裡傳來的聲音，我覺得也有幾分道理。四海爲家，何必一定要回到祖國的懷抱呢？何況我眞的沒有田園，沒有房屋，我只是一個有家歸不得，孑然一身的遊子。〔註65〕

因此「文化的中國」與「政治的中國」在謝冰瑩心中是合而爲一、無所取

〔註62〕蘇雪林《歐遊獵勝》（台北：光啓，1960年），頁82。
〔註63〕謝冰瑩《生命的光輝》（台北：三民，1971年），頁85。
〔註64〕謝冰瑩《馬來亞遊記》（台北：海潮音月刊，1961年），頁3。
〔註65〕謝冰瑩《生命的光輝》（台北：三民，1971年），頁2。

代的。

　　徐鍾珮是勇於挑戰未知的女性，未知的樂趣在於可以不斷挖掘新鮮的事物，使自己處於不穩定的狀態中，隨時都可以自我成長。在《我在台北及其他》序言中，可以見到她漸漸認同台灣的過程：

> 我在台北有一個好的結局，由亂離到安定，由安定到繁榮。再寫下去，就是由繁榮到奢華。初來台北重重憂患，聲聲克難，有人對我說：「我在台北」也不過是我的克難成果，如今困難依然，只是性質不同，而我們卻自覺憂患已遠，連克難精神也在一片繁華裡老去。〔註66〕

因此，台北漸漸成為徐鍾珮安定與出發的力量。

　　此外，謝冰瑩和徐鍾珮都曾經用食物來暗示身處異域的文化差異與思鄉情懷，謝冰瑩曾說：

> 也許有人會羨慕，在海外可以享受汽車洋房，天天吃麵包黃油、牛奶雞蛋；可是我卻整天想我們的燒餅、油條、豆漿、豆腐。〔註67〕

食物成為一種象徵，也是深根於生活中的習慣；徐鍾珮則以理性的筆觸進行飲食習慣的比較：

> 標準的西班牙早餐，說來不信，是一杯巧克力加油條。他們的油條有兩種，一種較細，盤花的，彎來彎去有些像北方的繖子，名叫Churro，這也是比較普通的油條……另有一種油條真的和我們的油條一模一樣……中西相隔如此遙遠，為何會在西班牙出現油條？言人人殊，一般總離不開馬可孛羅，說是他從中國帶回去的。大概此人好吃，把吃的東西都帶到西方。但是他帶回去的東西都走了樣，麵條變成了通心粉，餃子變成了Ravioli。〔註68〕

用中國的傳統食物來對照異國文化，記憶中的飲食除了是鄉愁的象徵之外，也是作家用來關照兩國國情、體會異國文化的媒介。

　　陳芳明曾比較男性與女性對於家鄉的書寫意識：

> 與男性的作家對照之下，自然可以發現女性作家與政治權力是比較疏遠的。其中最大的差異，在於前者偏向於時間意識，而女性的空

〔註66〕徐鍾珮《我在台北及其他》（台北：純文學，1986年），頁7。
〔註67〕謝冰瑩《生命的光輝》（台北：三民，1971年），頁2。
〔註68〕徐鍾珮《追憶西班牙》（台北：純文學，1976年），頁126～127。

間意識則較為鮮明。這兩種不同的傾向，決定了不同性別的不同書
寫策略，也就是說，男性作家的家國之思，往往帶有強烈的歷史使
命感。在作品裡，酷嗜傳達承先啓後、繼往開來的歷史意識。女性
散文固然不乏懷鄉的主題，但大體而言，作品較專注於生活的細緻
描寫，也就是說，她們對周遭生活的關切遠遠超過男性。〔註69〕

遠離政治核心的女作家並不是不夠關心家國，而是她們更能把書寫的觸角延
伸到實際生活面向，因此一旦遠離家鄉、旅行異地之後，即便置身於眾人欣
羨的異地風光中，然而女作家在讚嘆美景的同時，也都不約而同地依戀家國
的溫暖。

三、圍限與突圍：遊記創作的挑戰

回應於男性文學、官方意識主導的反共文藝生態圈，遷台女作家獨立於
政治型態外，她們來台之前，豐富的工作經驗帶來了特別的社會視野，無論
是五四文壇大將的蘇雪林、具有女兵經歷的謝冰瑩、或懷抱記者夢的徐鍾珮，
在創作上原本便各擅其場，遷至台灣後，她們一面要安頓身心、一面要重新
開展寫作，女作家在種種限制中，須克服諸多的問題。

首先，她們要面對的是傳統家庭生活，張瑞芬曾以英法「閨閣體女作家」
（Lady novelists）為例，說明女性容易陷入的困境帶來的三種文學局限：

一是所謂「居家隔離」，從書房到廚房，丈夫到女子的題材狹仄；二
是「社會經驗狹隘」，注定某些男性場域為主或賢媛所無法觸及的人
生角度與心理邏輯缺席；三是「道德局限」，無法誠實深刻處理情慾
主題。〔註70〕

舊時代的女性慣於書寫居家空間的經驗，不得不受限於時代、教育與交通的
限制。女作家不可免地要面對工作與家庭兩難的情境，她們在家中的傳統地
位被定義為一位「守護者」，歷史圖騰中的女性大凡被鑴刻在柴米油鹽之中。
然而1949年遷台女性在域外旅行的同時，便突破了居家的限制、以及社會的
封閉。接受五四文學洗禮的蘇雪林從封建社會走出，她曾赴法學習、赴新加
坡授課，至於赴歐洲的宗教洗禮則書寫了她追求性靈平和的旅程；謝冰瑩面

〔註69〕陳芳明〈在母性與女性之間——五○年代以降台灣女性散文的流變〉，見陳芳
　　　　明、張瑞芬主編《五十年來台灣女性散文・選文篇》（台北：麥田，2006年），
　　　　頁14。
〔註70〕張瑞芬《台灣當代女性散文史論》（台北：麥田，2007年），頁39。

對時代大勢，不甘心受家鄉傳統制約，便投入兵戎，以戰場女兵自居，她走出閨閣、登上沙場，無懼於日本的生死考驗，後來又再度走出國門，赴東南亞諸國及美國考察交流；徐鍾珮亦熱愛她的記者之職，取得向大眾發聲的位置，即便是以「跟隨者」的身分偕夫婿出國，她仍是抱持著一顆慧黠的心靈，側寫異域見聞。

她們轉化了備受期許的角色特質，來到台灣依舊勇敢挑戰未知；另外，在貧瘠的台灣文壇耕耘，尚須面對現代散文傳統的書寫限制。綜觀五〇年代文壇，知性書寫以及反共傾向是這一階段難以避免的趨勢，彭瑞金認為五〇年代的的遊記有以下特色：

> 有個光明的反共尾巴，或不自覺地吐露外國月亮比較圓的媚外心態，但大都尚能以清晰明快的筆觸，寫些不傷心、不傷情的無害遊記文字。對絕大多數被嚴密禁錮的心靈而言，異國神遊多少滿足心靈上片刻的特權享受。〔註71〕

在徐鍾珮的作品《追憶西班牙》序文中，她提到自己寫作的目的不單單只是記錄遊程，更是幫助他人理解西班牙的政經背景：

> 在我收集的古董裡，我特別喜愛一宮室的故事。我去西之初，在坊間遍覓有關西班牙書籍，毫無所獲，於是立志要寫一本有關西班牙的書，幫助去西的人了解一點背景。〔註72〕

謝冰瑩也認為：

> 無論你旅行到什麼地方，不論城市或者鄉村，你應該對於這地方的風景、人物、習俗人情，以及這地方有什麼古蹟，有什麼特產，統統記下來；還有重要的街道名稱，盡可能地多知道一些，以為將來寫作時的參考。〔註73〕

在尚無前輩女作家遊記的參照之下，寫實的紀錄、資訊的傳遞都是她們創作的核心，因此作品多偏重於客觀資訊的研討；此外，遊記的書寫意識與風格美學尚待建立，因而女作家在沿襲五四新文學的自由精神之下，多半是調整自身舊有的創作經驗，從出遊中不斷修正。是故，「中國」既成為回不去的家鄉，域外遊記也因出遊目的不同而充滿了豐富的情感，帶著自由中國渴望的作

〔註71〕彭瑞金《台灣新文學運動四十年》（台北：自立晚報，1991 年），頁 97～98。
〔註72〕徐鍾珮《追憶西班牙》（台北：純文學，1976 年），頁 2。
〔註73〕謝冰瑩《故鄉》（台北：力行，1957 年），頁 175。

家們，在身心尚未完全安頓的狀態之下，又挈挈再度出發至異邦，如何召喚遙遠的鄉土，甚至在異域挖掘故國精神，便是她們潛意識中出遊的目的。

　　事實上，女作家在空間認同感上不似男性作家的一貫與執著，她們會呈現出更彈性的轉換機制，張瑞芬以為「畢竟家國已遠，女兒對父祖的孺慕孝思漸漸為扎根斯土的關懷所取代。」〔註74〕既然政治環境如此壓縮，女作家一旦獲得安定的力量，便能夠再度出發，甚至將旅行做為一種情感宣洩的出口，更有甚者，勇闖天下的女作家們，在吸取了不同文化知識後，會涵養女性獨有的素養與胸懷，甚至具有「天下一家」的國際視野，如謝冰瑩說：

> 我忽然發生了一種感想：言語如果相通，人與人之間，就不會隔膜，
> 能夠暢所欲言，是最快樂的事。〔註75〕

面對各種異文化的洗禮，女性用溫柔敦厚為這個封閉的時代開啟了一扇通往世界的大門，正如人文地理學者 Claude Levi-Strauss（李維史陀，1908～）在《憂鬱的熱帶》中所言：「旅行不但在空間進行，同時也是時間與社會階層結構的轉變。」〔註76〕她們的出走，不僅代表著女性走向新時代的嘗試，也同樣地成為台灣旅行文學的先鋒與導師。

〔註74〕張瑞芬《台灣當代女性散文史論》（台北：麥田，2007年），頁127。
〔註75〕謝冰瑩《馬來亞遊記》（台北：海潮音月刊，1961年），頁39。
〔註76〕Claude Levi-Strauss 著，王志明譯《憂鬱的熱帶》（台北：聯經，1989年），頁101。

第三章　出發與求索──文化旅程・知性書寫

第一節　前言：女性與家國對話的新空間

　　相較於五〇年代女作家遊記的書寫對象，六〇年代的作品呈現了更多元的凝視範圍。隨夫婿旅外工作的王琰如在 1965～1971 年造訪北非各地，出版了《我在利比亞》（1969）、《旅非隨筆》（1975）等書。《我在利比亞》主要記錄一家人在利比亞的生活，《旅非隨筆》兼收遊覽地中海國家心得。而 1964 年 6 月隨夫婿業務旅行出國的鍾梅音更是典範之一，她遊歷過亞洲、歐洲、美洲等，總計十三個國家，返台後集結成書，並自費出版《海天遊蹤》（1966）二冊；後來前往曼谷，一面旅居當地、一面進行寫作，並且集成《蘭苑隨筆》（1971）；〔註1〕1972 年再訪歐美，藉由《旅人的故事》（1973）書寫遊覽國家之人文歷史。

　　這階段的女作家，在較爲安定的創作環境中，書寫的內容有更多的「國」、「家」對話。她們離開政局尚稱安定的環境遊歷四方，作品常常從家庭婦女的觀察視角出發，普遍充滿了溫柔敦厚的胸懷；在題材選擇上，小則

〔註1〕 「蘭苑」乃是指鍾梅音一家人居住的公寓，因作者喜愛居所之蘭棚，故本書命爲《蘭苑隨筆》。鍾梅音《蘭苑隨筆》：「在曼谷，外子服務的公司爲我們租了一層公寓，是位公主的產業，坐落於一片花園內，只住著幾户人家，卻有蘭棚、鳥舍、噴泉、泳池、鞦韆架等，靜極幽極，眞是個讀書的好地方。除了上課與炊煮的時間，我多半在蘭棚下讀讀寫寫。」（台北：三民，1971 年），頁 185。

起居生活、大至文化背景，偶有關注國家發展、政治環境的題材出現；此外，這一時期的女作家旅行的時空更廣更遠，在地理疆界上超越了以往女性旅行所能履及的範圍，停留的時間也擴增到數年之久。

當時女作家除了加入文學社群，也有部分投入文學媒體的工作，對於文字的掌握性及熟稔度更佳，而能擺脫五四新文學已降的白話實驗階段，隨著白話文的運用已然成熟，文學團體的運作也逐步規模有成，余光中便肯定此階段的遊記作品擺脫了早期生澀的新文學運動時期。〔註2〕是故，女作家的遊記在六○年代開始建立了新的標竿與典範，無論是鍾梅音或是王琰如，她們以安定的家庭環境為背景，在國家政治尚未完全穩定之際，試圖向海外空間求索新知，吸收各國文化長處。

蕭阿勤認為：「六○年代的年輕知識階層普遍也有一種孤懸於歷史之外、對於時局發展無能為力的強烈感受。」〔註3〕歷史的發展必然影響著文化的演變，六○年代的台灣文壇降下一場歐風美雨，現代主義所帶來的不僅僅是一次文化的洗禮，作家們將原本歐美現代主義對經濟發展的省思，轉化成文學作品中對於現實政治的冷感。散文的發展與現代主義交鋒後會呈現何種面貌呢？陳芳明認為：

> 散文在六○年代，是一個保守與前衛兩股力量相互激盪的轉型期。
> 延續五○年代以降的社會價值與寫作型態仍為主流，內在卻已有騷
> 動意志悄然萌生。整個台灣，進入六○年代後，出現了作家世代差
> 距、美學思維迥異等斷裂傾向，現代主義的擴張與深化，更改造了
> 往後台灣的美學觀念與書寫型態。〔註4〕

原本在中國文壇已經占有一席之地的作家們，自遷台之後，確實為台灣文化界注入一股穩定的泉源，呂正惠認為1949年跟著國民黨撤退到台灣來的知識份子，無法展現出承擔意志的光明面、或是積極昂揚的精神，相較留在大陸的五四主流，是逐漸式微的自由主義一系。〔註5〕創新的需求、出走的可能性

〔註2〕 余光中《從徐霞客到梵谷》：「一般新作者貿貿然拋棄了古典的傳統，卻又無力吸收並消化外國文學的菁華，往往就在前無古人旁無西人的真空地帶，只憑幾本不太可靠的譯文，和時人所謂的名家之作，來充取法的典範。」（台北：九歌，2006年），頁67。

〔註3〕 蕭阿勤《回歸現實：台灣一九七○年代的戰後世代與文化政治變遷》（台北：中央研究院社會學研究所，2008年），頁81。

〔註4〕 陳芳明《台灣新文學史》（台北：聯經，2011年），頁354。

〔註5〕 呂正惠《戰後台灣文學經驗》（台北：新地，1995年），頁9。

由此萌生。

　　不同於五〇年代文壇的作家思考，此階段的域外遊記內容除了有遊歷過程中所見所聞的紀錄、返家的省思外，作家也學習用全新的眼光走向世界，陳室如便肯定：「六〇年代的旅行書寫，已有較受矚目的代表性作品出現。」〔註6〕相較於蘇雪林、謝冰瑩、徐鍾珮等，王琰如、鍾梅音較諸上一代呈顯出更多的自由意志。遊記書寫的背後的確需要經濟環境與物質資源的配合，社會氛圍愈穩定、生活條件愈充裕，遊記文學的發展就愈可觀。當然在不同的政治背景下，任何身分的域外經驗都具有其重要的意義，而在資本主義體制影響的六〇年代始，全球化趨勢已經漸漸滲透到台灣的政經場域。經濟發展與物質文明深刻地影響這一時期的文學作品，因此旅行已經漸漸從傳統的模山範水中出走，而更明確地聚焦於休閒文化的場域。

　　更重要的是，當女作家遊記書寫一脈從蘇雪林、謝冰瑩、徐鍾珮等人過渡到王琰如、鍾梅音時，世代的落差暗示著歷史記憶的更換，她們對於中國的情感記憶並未如前一代來的強烈與深刻；此外，現代主義在文壇當中的崛起，反映出文化的遞嬗與文壇風氣的演變，陳芳明觀察此階段的交替時，認為「這是一次重要的歷史斷裂，文學創作的道路朝著內心探索的方向迂迴前進。」〔註7〕現代主義的力量雖未即刻塑造出全新的散文書寫範式，卻亦深深地影響當代文壇，旅行作家們寫作的方向、以及觀看的方式都漸漸地不再只為家國發聲、宣傳，轉而開始探索傳統文化與外在世界的對應。

第二節　王琰如的非洲行腳

一、安定與啟程

　　在出國不便的年代，國人若想要拓展國際視野，則往往藉以考察、工作為目的方得一償宿願，王琰如雖然不是因公務出國，但是卻因丈夫的關係而擁有非洲旅行的特殊經驗。和徐鍾珮一樣來自於江蘇，王琰如有著不一樣的學思歷程。1949 年，王琰如正屬人生精華的三十五芳齡，渡海來台之後，成

〔註6〕 陳室如〈世紀末的疆域越界──台灣九〇年代旅行散文現象論〉，見郭懿雯編《時代與世代：台灣現代散文學術研討會論文集》（台北：東吳大學，2003年），頁233。
〔註7〕 陳芳明《台灣新文學史》（台北：聯經，2011年），頁354。

爲一位樂在家庭生活、參與多種文學活動的女性。而她抵台後，也與蘇雪林、謝冰瑩等前輩女作家多所交遊，受到五四文化的自主精神影響至深，然而她又不拘泥於五四規律，而出乎其外。

在文學成就上，王琰如的散文多敘家常瑣事；在工作崗位上，不僅編輯《暢流》半月刊，1955 年更與林海音、徐鍾珮、鍾梅音等人籌設「台灣省婦女寫作協會」，除了關懷女作家的生活，亦推廣女性的藝文活動，並且積極參與社會文化。是故，王琰如對於開啓台灣七、八〇年代女性散文的風氣，有著承上啓下之功。

然而，王琰如往往自視爲一名家庭婦女，文友謝冰瑩亦說：「她是賢妻良母型的女性，家裡大大小小的事都要她一手包辦；但她每天總是要抽出一些時間來從事讀書寫作；因此，台灣的各報紙副刊和文藝雜誌上，經常有她的作品發表。」〔註 8〕可見當時女性往往將寫作視爲家庭生活之外的次要活動，對於文學創作本身尚未有專業作家的自覺。

在她 51 歲那一年（1965），因擔任工程師的丈夫黃肇中工作需要而前往非洲利比亞旅居多年，直至 1971 年才得以返台，並完成《我在利比亞》（1969）與《旅非隨筆》（1975）二書。雖然是因丈夫工作而得以探訪非洲，但王琰如本身也自命喜愛旅行，她曾言：「我對世事萬物，莫不懷著『好奇心理』尋覓探索。爲求一看『沙漠風光』，不惜舉家遷非。」〔註 9〕因此在國際情勢需求之下，藉由丈夫的工作因緣，王琰如開啓了不一樣的人生視野。

面對難以掌握的未來，王琰如也曾聽聞他人敘說當地的狀況，然而她仍毅然決然地暫離安穩的台灣生活，陪同丈夫前往利比亞。在台灣擁有美滿家庭，工作上亦多文友相伴的她，必須意志堅定才能下定決心：

> 島居十七年，慨然允應暫別繁華似錦的台灣，到那不可知的地方，
> 需要相當勇氣。我搬這個家也不太簡單，幾乎懷著破釜沉舟的決
> 心，才踏上遙遠的征途。〔註 10〕

畢竟在台灣島居了十數年的歲月，在天命之年重新出發至一個陌生的地方，不僅需要勇氣，更需要強烈的信念，利比亞雖然不是未經開發的蠻荒地帶，但前往相對落後的新興國家，的確需要莫大的決心，也因此王琰如筆下所探

〔註 8〕謝冰瑩〈我讀——我在利比亞〉，見《我在利比亞》（台北：三民，1969 年），頁 1。

〔註 9〕王琰如《旅非隨筆》（台北：中華，1972 年），頁 358。

〔註 10〕王琰如《我在利比亞》（台北：三民，1969 年），頁 1。

索的世界，就更增添了一抹冒險犯難的色彩，這段旅程也成爲女性探索陌生
地域的傳奇故事。

二、心安是吾家：我們在「班加西」與「的黎波里」

　　利比亞位處名爲「黑暗大陸」的非洲，而非洲在 1960 年開始有了急遽的
變化，從喀麥隆考於當年元旦獨立始，爾後陸陸續續獨立了共 16 個國家，而
利比亞在 1959 年與我國建交，是台灣的邦交國之一。蘇雪林在《旅非隨筆》
序文中，曾提到當時中非之間的互動狀況：

> 第二次世界大戰後，非洲國家紛紛獨立，其中有許多國家和我們建
> 立邦交。這些國家擺脫殖民地羈絆不久，人才缺乏，生產和建設亟
> 需外來的援助。我們中華民國爲爭取她們的友誼，派了大批的農耕
> 隊和技術人員去幫助她們。〔註11〕

當時中華民國在國際形勢上亦陷入孤立，是故代表台灣友情之手的工作隊
伍，便肩負著外交重任與技術使命前往，而王琰如也在異國從事華文教育的
工作。徐鍾珮在〈楊繼曾‧楊西崑和非洲〉一文中，也敘述了台灣和利比亞
的關係：

> 我們沒有錢，我們對非洲友情的表示，是大滴大滴的流汗。……我
> 們的第二批汗流在利比亞。在那裡，流得更多。因爲那裡更熱——
> 熱到一百三十度。而且那裡是沙漠。利比亞有油，有的是錢，卻沒
> 有稻。我們流著汗，替他們在沙漠裡種出了稻來。〔註12〕

台灣與非洲的互動呈現了一種「供應」與「需求」的鏈結，當時利比亞方獨
立十數年，百業待興，政治環境相對不穩定，在王琰如筆下，便有不少身歷
險境的敘述。如〈班加西近事〉中，她不僅目睹暴民示威遊行，甚至還遭遇
當地人極具攻擊性的眼光，他們所居住的地區可謂險境重重：

> 至於班加西市內，已呈一片紊亂：英美使領館、美新處、猶太人所
> 經營的商店、公司、木廠，已全部搗毀起火焚燒中，路見英、美、
> 猶人，一聲喊打，頭破血流。〔註13〕

但面對政治環境動盪、文化差異極大的異國環境時，她總抱持著一顆樂觀的
心看待。因此在客觀條件的限制下，王琰如培養出一種優游四方、生活當下

〔註11〕王琰如《旅非隨筆》（台北：中華，1972 年），頁 1。
〔註12〕鄭貞銘《新聞採訪的理論與實際》（台北：商務，1966 年），頁 335。
〔註13〕王琰如《我在利比亞》（台北：三民，1969 年），頁 62。

的胸懷。

　　王琰如將丈夫、孩子視爲非洲旅居生活的重心，是故與丈夫在利比亞移動的過程，也是「家」的移動過程。在《旅非隨筆》中，王琰如大量書寫如何在利比亞經營一個同樣完整的「家」，這個家不只有天倫之樂，也有與左鄰右舍的相處之樂。在異國的日子中，以家庭爲重的旅行態度，便是王琰如面對生命變遷的方式。其實王琰如在旅非生活中，亦曾在一所華僑學校擔任義務教師，但她總自認爲：「我在利比亞，只是一個純粹的家庭主婦。」〔註14〕在平居的日子「深居簡出，孤陋寡聞，勉任『誤人子弟』教職外，刷鍋執鏟、洗衣抹地而已。」〔註15〕

　　事實上，這一趟赴利比亞的計畫原本只有兩年，但是因爲一場偶然的作業疏失，丈夫的工作面臨更動，王琰如又續留下來，並且從「班加西」移動到利比亞首都──「的黎波里」。在〈胡不歸〉一文中，作者便詳細地敘明了旅程滯留之因，雖然無法回到台灣，但她很快地調整心態，並且將這場意外作爲一次生命的轉捩點，期許自己可以在因緣際會之下，有機會好好地瀏覽先前不曾留心的非洲風景。

　　是故，在旅非的後半部歲月中，王琰如的書寫態度截然不同，如果說她在「班加西」的日子充滿挑戰與適應，那麼，在「的黎波里」的她則多了自在與率性。〈南窗絮語〉一文便記錄了她在的黎波里自宅屋內，終於可以感受到旅居生活難得的悠閒：

　　　「隨遇而安」也是我的天性之一，我對目前的安靜非常滿意，我
　　　讀，我寫，我想，我可以做我喜愛的一切。〔註16〕
在跟隨丈夫四處工作的同時，王琰如能夠在紛亂之中找到一個自我對話的角落，書寫旅程的所見所聞，也發現了許多的樂趣與美景，她不僅在心態上更加安適，在文化環境的適應上都較於「班加西」舒泰許多。

　　「移動」對王琰如來說，或許是生命中不可抗拒的歷程，但是她從少女時代就習慣四處漂泊，因此面對「遷徙」時，總能以順應自然的心態以對：

　　　我已不大記得我的一生中究竟搬過多少次家了……我永遠不會忘
　　　記，當抗戰勝利以後，直到三十五年秋天我們才能離開天府之國──

〔註14〕王琰如《我在利比亞》（台北：三民，1969年），頁227。
〔註15〕王琰如《我在利比亞》（台北：三民，1969年），頁75。
〔註16〕王琰如《我在利比亞》（台北：三民，1969年），頁178。

成都，踏上歸途的一幕：整整一個半月，我們懷著無限希望、無限
愉悅的心情，跋涉在險峻的西北公路上……喘息甫定，誰知走慣遠
路的腳步又開始活動了起來，從江蘇到河南，從開封而信陽，而武
漢，其間總算在長沙附近一個小山坡上休息，安定了兩年。再遷廣
州時，還不到八個月，就又到了台灣。雖然一住十六載，總以為是
在作客，總覺得要在搬家時，應該回到來時的地方去的。〔註17〕

遷徙的命運沒有讓王琰如悲觀疲倦，相反地，這些離散四地的記憶反而成為
往後的養分；也或許如此，讓這一位女作家能夠突破窠臼與限制，勇敢地走
向非洲，體驗截然不同的人生。

　　如果遷徙是造成騷動的原因，王琰如用開闊的胸襟化解了部分旅途中的
不安，所以她說：「我也不知道怎麼搬回去，不過，有一點可以確定的是『怎
麼來，怎麼去』，那是一定的。而且，從來的地方回去，也是天經地義的啊！」
〔註18〕畢竟，「家」所代表的是一種安心的感受，能夠有穩定的心靈支柱，往
往能感受更豐富的生活經驗。

　　王琰如以「家」作為非洲旅程出發的驛站，是故她往往書寫家庭成員在
非洲的生活點滴，如：家庭的聯誼活動、兒女學習的狀況等，因此在《我在
利比亞》、《旅非隨筆》二書中，較少旅人的見聞，較多生活瑣事的記錄。其
實，以個人視角出發的遊記中，讀者只能見到作者的生命與異地交融的點滴，
而王琰如以家庭為切入面，描寫家庭中不同成員反映出的非洲面向，如：丈
夫的工作經歷、兒女的就學狀況，這些面向都牽引出異國文化食、衣、住、
行、育、樂中更具廣度的視野，而王琰如一家人便在非洲的旅居歲月中開拓
了彼此的生活體驗，王琰如的書寫也使這一段異域經歷更添色彩。

三、味覺遠遊：利比亞國度裡的中國餐桌

　　在中國文化發展的過程中，女性與飲食、旅行的書寫少有連結，在資本
主義的發展以及消費文化的形塑下，旅行與異國美食的體驗漸漸結合。飲
食除了是維持生命最基本的需求，也是一個國家民族共同的記憶根源，尤
其在悠悠中國文化浸染之下，遷徙異地的旅人常常藉由飲食適應的過程，
展現了潛意識中的家國之思，「蒓羹鱸膾」便是中國文人遠遊之際不可避免的

〔註17〕王琰如《我在利比亞》（台北：三民，1969 年），頁 179。
〔註18〕王琰如《我在利比亞》（台北：三民，1969 年），頁 180。

鄉愁。

　　在八〇年代以降的散文中，結合「飲食」與「旅行」的書寫已漸漸形成一股風潮，而王琰如是較早用心經營的女作家之一，無論是《我在利比亞》或是《旅非隨筆》，她往往在不經意中透露出對飲食的關注與經營。或許身為家庭主婦使然，她總時時刻刻關心家人的飲食需求，是故在六年的非洲生活中，她不僅藉由作菜表達自己的飲食概念，更傳遞了對中國故土的眷戀，在字裡行間，她對中華飲食文化的信心與依賴躍然紙上：

　　　　走遍全世界，誰都不能否認中國人對於吃的文化至少要超過別的民
　　　　族若干倍。僑居利比亞的我們，在單調、乏味、枯燥的生活中，常
　　　　能以做幾式中國菜解饞為最大享受。〔註19〕

王琰如自許為一位盡職的主婦，對她而言，在非洲生活的首要之務，便是建立良好的家庭飲食習慣。《我在利比亞》一書中，便大量呈現了作者的烹飪經驗，這些內容除了展現她在家庭中的自我定位，也可以看見她在異國發揚中華飲食文化的用心。

　　為了使家人飲食生活正常，在他們最初抵達非洲時，王琰如就事先將食材郵寄至當地，在一面適應非洲生活的同時，也一面四處尋覓中華料理的食材；根深柢固的飲食習慣，讓她在面對異國環境時，嘗試去重現熟悉的中式食物，在〈義大利貓耳朵及其他〉，她寫到了「豆腐」：

　　　　記得我曾在行李內放進十斤黃豆，二、三斤紅豆與綠豆。黃豆，我
　　　　準備以果汁機來製作豆漿，進而至於做成豆腐，當然這是我的最高
　　　　理想，是否能夠成功，把「豆腐文化」帶到非洲來生根，尚在不可
　　　　知之數。〔註20〕

豆腐是中國傳統食物之一，但班加西的水質狀況不甚理想，豆腐文化的發揚就不可期待；她也曾嘗試烹煮稀飯、綠豆甜湯，但用充滿鹹味的班加西自來水製作完畢後，口感著實欠佳，這也都是旅居異地不可預料的狀況。

　　除了食物帶來的熟悉感，人們四遊各地，往往會試圖延續個人飲食的習慣。〈生薑越洋記〉中提到：「我生長在江南水鄉，自幼就在吃魚鰻蝦蟹。」〔註21〕童年的習慣陪伴王琰如渡海來台灣後，又再度轉移至非洲，然而烹調

〔註19〕王琰如《我在利比亞》（台北：三民，1969年），頁139。

〔註20〕王琰如《我在利比亞》（台北：三民，1969年），頁15。

〔註21〕王琰如《我在利比亞》（台北：三民，1969年），頁19。

生鮮必備的香料在非洲卻常付之闕如，因此當她決定來到利比亞時，還特地在海運行李中放進一些花椒、茴香、桂皮、生薑等，生性樂觀的她曾說：「假如我到達班市後，只要有任何一小塊泥土可供利用的話，我定然將此薑深埋土中，冀能蔓出新枝。」〔註22〕然而越洋過海而後，薑塊不僅腐爛、連包裹的棉被也全部泡湯。

　　王琰如之所以用心於烹飪一事，和她自我認同的主婦身分有著緊密的關係。在台北已經養成下廚的習慣後，在遙遠的非洲國度她亦是一貫作為，她堅持為全家人的飲食盡心負責，家人的需求是她努力的原因：

> 我在台北，廚下本領雖不如一般朋友，倒是外子十分捧場，孩子們
> 也還乖巧，總說媽媽做的菜最好吃。誰知在班加西三年，我幾乎想
> 倦勤告退，讓賢能者了。當然這僅是一句玩笑話。不過，由此也可
> 以窺得我在利比亞生活的艱苦。我只要一眼瞥見他父子們舉箸在菜
> 碗中挑挑揀揀，不想捧我的場時，作為一個家庭主婦的人來說，沒
> 有比這更傷心的事了。〔註23〕

然而，當客觀環境變遷，在當地材料與原有習慣產生扞格之後，王琰如面臨了更重大的挑戰，以家人為重的她，於是絞盡腦汁，想要在食材取得不易的異地中提供家人熟悉的飲膳氛圍：

> 於是，我不得不想方法來迎合他們的胃口，我學著做各種麵食，我
> 曾用菜花邊葉做餡烙餡餅，我也做過牛肉鍋貼和茄里牛肉餃，再學
> 著做蒸豆沙包子或生煎饅頭。〔註24〕

旅居異國的歲月中，烹飪技術的改進與學習是王琰如自許的責任，在衝突中產生新的適應，是旅行所帶來的成長與挑戰。

　　除了在廚藝上學習之外，王琰如想將食材運移到旅居之地，這不僅是想要延襲原有的飲食習慣，更代表了她渴望源源不絕地再生對中國傳統飲食的依賴與思念，畢竟這是造成作者在適應旅居生活最大的文化衝突之一。

　　而沙漠地區蔬果缺乏，純淨水源不易取得，王琰如不諱言：「對我們『美食主義』的中國人來說，實在是個嚴重的問題。」〔註25〕其實交通海運的便利性能夠為作者稍稍寬解此問題，不過在種種困難之下，人們就會產生新的

〔註22〕王琰如《我在利比亞》（台北：三民，1969 年），頁 20。
〔註23〕王琰如《我在利比亞》（台北：三民，1969 年），頁 185。
〔註24〕王琰如《我在利比亞》（台北：三民，1969 年），頁 185。
〔註25〕王琰如《我在利比亞》（台北：三民，1969 年），頁 107。

適應方式，慧心獨具的王琰如依舊權變嘗試，最後終於成功地烹飪「素十錦」：

> 麵筋是用麵粉洗的，好在此間麵粉便宜，大約兩斤麵粉可洗出麵筋半斤。香菰（菇）在此身價更高，僅能作爲裝飾之用。冬筍罐頭，市場已有發現，約合四十元台幣二十兩。洋菰（菇）有法國貨，一磅裝一罐約合七十元台幣。……我在此作的素什錦，簡陋如此，實在難登大雅之堂。〔註26〕

無論是使節伉儷、或是「非洲先生」楊次長遠訪，王琰如必定以此道荼餉迎接貴賓，她不僅講究食材、精通烹飪廚藝，更立志製造家鄉味，使家人能夠在異俗浸染下，保持中華飲食的生活習慣，因此異國的廚房儼然成爲王琰如安身立命、懷鄉憶舊的最佳地點，她盡力地溝通新舊習慣，聯結記憶中的飲食脈絡。飲食對她來說，不只是一份餵養生命的材料，也是安慰心靈的能源。

第三節　瞥見繽紛的那扇窗：鍾梅音的旅行藝術

一、但開風氣：最受歡迎的遊記

　　自五〇年代以降，台灣嚴肅的政治氛圍形塑了文壇的方向，大量作家運用小說反映社會的意識型態，而新詩也在此起彼落的嘗試中，有不同派別的作家作品相互響應。然而散文——作爲一種形式自由、內容多元的文類，就形成了女作家可以抒發的管道，正如范銘如所說：「女性文本比較不像男性文學一般，存在對過去秩序、威權的渴望……相較於男性的頻頻回首，柔腸粉淚，女性顯然樂於振翅高飛，迎向未來。」〔註27〕

　　然而，女作家並未因此走入背離社會現實的烏托邦，在家庭、憶舊書寫中獲得文學成就的她們，如果有機會能夠出國旅行、增廣視野，便會帶著女性獨有的胸懷與眼光，暫時跳脫國家意識型態，爲讀者開啓一扇文學風光，鍾梅音便是其中幸運的一位。

　　文壇素來將徐鍾珮與鍾梅音相提並論，其實兩人的創作歷程截然不同，徐鍾珮的創作起點在中國，鍾梅音則自台灣始；徐鍾珮是從大眾傳播的報導

〔註26〕王琰如《我在利比亞》（台北：三民，1969年），頁110。
〔註27〕范銘如《眾裡尋她：台灣女性小說縱論》（台北：麥田，2002年），頁30～31。

式書寫出發，而鍾梅音則立足於家庭與婦女。於是在創作的風格上，鍾梅音的溫婉便不同於徐鍾珮的敏銳。

　　她自言：「記得當我還是一個少女的時候，我只夢想做個快樂的小婦人。那時我受盡顛沛流離與寄人籬下的苦痛，我渴望安定的生活。」〔註28〕柔性的筆觸是她創作的基礎，隨遇而安的胸懷貫穿其旅行歷程。在台灣女性文學史上，鍾梅音可說是第一位跨足歐、亞、美洲地區而兼具佳文傳世的女作家，也是將女性遊記拓展至環球範疇的第一人。她比之前的任何女作家都走得更多、更遠，寫得也更廣泛、更具文學性。

　　置身豐富的文化與變動的環境中，讓她用更廣角的寫作視野，呈現異域多元的價值觀，張瑞芬便十分推崇，她認為鍾梅音的遊記是將旅遊與文學結合，並發展出一套搖曳生姿，且特具個人魅力的文字美學的前驅。〔註29〕此外，鍾梅音亦是婦協成會的一員，文學社團的生命體驗以及與文友的相互浸染，使她的作品中透露出自己的文學批評以及文化觀點。

　　鍾梅音從家庭出發，1964年開始，當她將足跡延及異國時，關注的焦點多是文化的差異、歷史的發展等課題，嶄露出她的柔性關懷與敏銳觀察。此外，她豐富的旅行歷程往往羨煞眾人，而旅途的奔波辛勞亦是在所難免，她不諱言：

> 人們常有一種感覺，以為我能任意飛來飛去，我的生活必是萬事如意，美滿極了。……「海天遊蹤」和「旅人的故事」其實都是從痛苦裡產生的作品，但它們以歡悅的面目和世人見面，不是隱藏，不是偽裝，而是痛苦的昇華。〔註30〕

她在少女時期經歷過動盪不安的時代，來到台灣後，原以為可以就此安定，孰料婚後須隨夫婿工作而奔波各國。身處戒嚴氛圍之中，並不是所有人都能夠自在的四處遊歷，身體屢弱的鍾梅音，就背負著書寫的使命，為台灣文壇展現一幅幅異國的風情畫。

　　《海天遊蹤》（1966）系列被評為「最完美的遊記」，對當時的女作家而言，是彌足可貴的讚譽。自從台灣社會略定，文學也開始發展，專業讀者及一般讀者對於遊記的形式及內容，皆已有初步的思考及期待，作者往往

〔註28〕鍾梅音《旅人的故事》（台北：大地，1973年），頁2。
〔註29〕張瑞芬《台灣當代女性散文史論》（台北：麥田，2007年），頁137。
〔註30〕張瑞芬《台灣當代女性散文史論》（台北：麥田，2007年），頁137。

需要配合社會的需求，提供當代閱讀的方向。最初《海天遊蹤》系列的文章是以連載方式刊登在《中央日報》副刊上，社會大眾熱切迴響，最後甚至暢銷了十六版之多，當時民眾對於異國旅行的嚮往以及異域風光的好奇便可見一斑。

至於第二次西遊的作品《旅人的故事》（1972）中，她書寫林肯、甘迺迪、華盛頓、愛迪生、莎士比亞、莫札特、貝多芬⋯⋯等名人故居及佚事，是希望給台灣年輕一輩更多人生的目標及追求的方向。前後兩本作品相較之下，《海天遊蹤》側重在風光的精細描繪，書寫的語調充滿驚喜與讚嘆，而《旅人的故事》羅列了各種人文景觀，重視人類文明及其帶來的歷史變化。兩本遊記皆是辛苦奔波所得，這一些旅途中所見、所聞、所感、所觸，為當時旅行大不易的眾人寫下域外風光。

藉由遊記的書寫與傳播，鍾梅音不僅奠定了自己的文壇地位，女作家的遊記亦漸漸成為受歡迎的文類之一。孟樊認為：

> 文類的興衰，不只和讀者的接受度如何密切相關，更和作家創作量多寡有關，及一種文類之所以能夠產生以至確定，除其自身須形成一種形制特徵外，尚須多數作家的投入創作，累積一定數量的作品，才能為自己樹立一個文類的地位。〔註31〕

其實在鍾梅音尚未出國前，也曾寫過許多台灣遊記，這些舊有的書寫經驗也成為她域外遊記的基礎，因此她能夠運用更全面深入的考察視野以及書寫技巧進行創作。對鍾梅音來說，無論是歐洲的絕美城鎮、美洲的現代風情、或亞洲的悠閒氛圍⋯⋯，種種域外風光皆是全新的創作題材，透過鍾梅音細膩的書寫，呈露出六○年代女性遊者的探索過程。鍾梅音作品受歡迎的程度，也預告了台灣八、九○年代旅行書寫的方興未艾。

二、凝視西方：歐美觀光體驗〔註32〕

1964 年，鍾梅音因丈夫余伯祺工作被派遣至歐洲，隨之順道遊歷了十三

〔註31〕孟樊《旅行文學讀本》（台北，揚智文化，2003 年），頁 5。

〔註32〕所謂「觀光體驗」是指參與者的主觀心理狀態，是個體受外在刺激後經由感情、知覺過程所產生之生、心理反應。而體驗源自於實驗、嘗試、冒險，強調個人的參與，包含個人的身體和心理面，也象徵一個人進入一種新階段的儀式，是一種涉及時間和空間的情境，且隨時再發生。見楊明賢、劉翠華《觀光學概論》（台北：揚智文化，2011 年），頁 214。

個國家、二十五個城市，這些旅行使她的生命有了重大的轉折。待她返回台灣後，方重新消化、吸收、組織，書寫成有系統的遊記。任何旅行者在出發之前，往往會依照旅行動機或個人興趣安排旅行內容。不可諱言地，「經濟」與「時間」的彈性是鍾梅音遊歷多國的因素，然而在旅行過程中，真正決定旅行意義的原因在於策略的制定。

　　學者楊明賢認為，一段旅行計畫的決策具以下步驟：旅遊資料的蒐集、相關方案的評估、決定旅遊行程、實地參與觀光旅遊、旅遊體驗與回憶等。〔註33〕六○年代的台灣旅行風氣未開，不僅觀光資訊匱乏，也少有人能分享自身體驗，對於旅行目的所能夠掌握的資料來源，則多為客觀的歷史、地理知識，因此藉由視覺探索、影像記錄、文物觀察等活動來攫取書寫所需材料，便成為不可避免的步驟。

　　在旅行過程中，旅人的感官與外在環境之間形成有機的互動，而視覺的體驗可說是最重要的一環。不同的城市在鍾梅音眼中各具姿態，在她妙筆之下，呈現了二十世紀中期歐洲地景的豐富面貌。如北歐的奧斯陸：

> 我說這千年古國看上去像個年輕國家，是由於市容的整潔至於纖塵不染的程度。新式的建築也很多，尤其住宅區，全部現代化，房屋色彩都淡雅。大約由於天冷，外表多為溫暖的奶油色，陽台遍植玫瑰，綠樹遠近參差。又因奧斯陸為山城，每一座大門，每一條路口，視線都可越過樹杪，望見海港景色。環境之整潔優美，世界建築家公認為全球之冠。〔註34〕

或德國的慕尼黑：

> 除了凱旋門是亮的，咖啡座與商店櫥窗是亮的，慕尼黑的路燈並不太亮，也許因為街道太闊了，也許因為愛好那古老的情調，整條馬路幽幽地，於是當巨型燭台似的噴泉在彩燈輝映之下飛珠濺翠時，就更顯得光華奪目，如在夢境。〔註35〕

還有永恆之城羅馬：

> 羅馬是又老又舊，連房子都灰灰黃黃地，而且窗戶上密密釘著漆黑的鐵柵，使人意味到這個城市曾經在無數患難中，度過它悠長的歲

〔註33〕楊明賢、劉翠華《觀光學概論》（台北：揚智文化，2011 年），頁 221。
〔註34〕鍾梅音《海天遊蹤第二集》（台北：大中國，1966 年），頁 44。
〔註35〕鍾梅音《海天遊蹤第二集》（台北：大中國，1966 年），頁 52。

月。……通衢大道，巨廈連雲，羅馬的路都是呈輻射形開展的，一
片廣場接著一片廣場，羅馬人的天才不但表現在氣派壯闊的建築
上，更表現在結構精巧的噴泉上。〔註36〕

鍾梅音在遊記中，大量書寫都市的風貌，這些不僅是二十世紀文學的題材，
也是現代旅行中重要的一環。

　　她除了擅長運用視覺摹寫的方式來描繪城市風景，將照片結合文字的遊
記形式也是《海天遊蹤》編排的一大特色。此種強化視覺印象的方式，讓台
灣的遊記作品由純文字進入全新的領域，而文字也藉由照片的傳播能夠使讀
者恍若親臨旅行現場。John Urry（約翰‧厄里，1946～）認為：

觀光旅遊和攝影逐漸融為一體，而且任何一方的發展都脫離不了另
一方，這兩套行為呈現出雙重螺旋狀的發展路線，以一種無法回頭
的方式相互影響著對方。從這個時候開始，我們可以說「觀光凝視」
進入並塑造了這個流動的現代世界。〔註37〕

不同城市的風貌帶給她豐富的視覺震撼，她亦善於從各項文化遺產的觀察了
解歐洲諸國，〔註38〕無論是義大利的米蘭大教堂、羅馬的聖彼得大教堂、希
臘的國家博物館、德國的慕尼黑博物館、英國的大英博物館……等，都是她
造訪的重心。

　　聯合國教科文組織（UNESCO）認為：凡符合傑出普世價值（Outstanding
Universal Value）、眞實性（Authenticity）、完整性（Integrity），並具備適切的
經營管理法規體制的實體資產，都是人類精神文明的最高指標，同時也是世
界公認的文化觀光遺產。欣賞這些藝術瑰寶，不只為鍾梅音帶來精神的指導
與鼓舞，也代表了她對強盛、偉大、穩定力量的崇敬與忻慕。

　　除了歐洲之外，鍾梅音在此趟旅程中也遊歷了美國。1960 年代正是美國
國力鼎盛之際，美國扮演著國際上經濟、科技、文化的龍頭角色，因此鍾梅
音筆下呈現出來的美國社會面貌，迥然不同於歐洲的古典風情。鍾梅音曾

〔註36〕鍾梅音《海天遊蹤第二集》（台北：大中國，1966 年），頁 129。
〔註37〕John Urry 著，國立編譯館主譯《觀光客的凝視》（台北：書林，2007 年），頁
　　　257。
〔註38〕文化遺產（Cultural Heritage）是指在歷史、藝術、以及學術等方面具有普遍
　　　價值之紀念物、建築物，具紀念性質的雕刻及繪畫，以及具考古學性質的物
　　　品及構造物、金石文、洞穴居等人類遺跡。因此，文化遺產就被定義為在歷
　　　史、藝術上及學術上具顯著普遍價值之人類遺跡。取自「文化部」
　　　http://twh.hach.gov.tw/QAContent.action?cate=2&id=8。

言：「美國給人的印象是『新』和『大』。」〔註39〕她將核心聚焦在帝國的興
起、發展上，並參觀了許多的歷史文化遺蹟，如：華盛頓紀念塔、林肯紀念
堂、甘迺迪中心等，對於美國的歷屆總統著墨尤多。

　　在鍾梅音的慧眼之下，她除了考察美國的民主政治，也領略到西方高度
文明生活的多彩多姿。在觀光地點上，她還擅於比較中國與美國的不同：

> 我們中國大陸也有太湖、洞庭、鄱陽之盛，但像密歇根湖這樣拜倒
> 在繁華都市的石榴裙下者，卻未之見。沿密歇根湖畔，是很長的金
> 色沙灘，美國男女都在湖上滑水、駕船、游泳、日光浴。回望身
> 後，卻又是連雲大廈，車水馬龍，在靜靜的湖畔看紅塵十丈，另有
> 一番趣味。〔註40〕

自然美景是觀光資源中重要的一環，同樣是「水」，中國的天然湖景與美國的
人文薈萃就產生兩種不一樣的人、地互動，這也是鍾梅音深深被美國的人工
智慧震懾之處。

　　美國在當時更是世界的金融中心、資本主義的大本營、以及流行文化的
發源地，面對世界第一強國，鍾梅音在讚嘆之餘，更適時地探討社會其他面
向。因此，她對於美國文化並不是一味地贊同，因為在國家高度發展之下，
社會也產生了一些負面的影響：

> 我也不完全同意美國的生活。
>
> 不同意的事太多了，過分發達的工業，養成只顧孳孳為利的風尚；
>
> 鼓勵消費的市場竭澤而漁，準備把地下的資源坐吃山空。〔註41〕

對於已開發國家的反省與觀察，使鍾梅音的旅行呈現了更廣闊的視野，並反
映出她出遊時細膩思考的過程。

　　綜觀鍾梅音前後兩次遊歷的經驗，有許多不同之處：當鍾梅音第一次出
遊歐美時，大多以崇敬、欣賞的角度來書寫；在重遊經驗中，她敏銳地發現
資本主義下帝國的本質及社會運作方式。因此《海天遊蹤》多作旅程點滴
的分享，知性與感性兼而有之；而《旅人的故事》發揮理性思考的功能，文
字也較少展露個人情感。然而她並非一味地批判，旅行的同時，也在對西方
進行政治哲學的思辨過程，〔註42〕且她所思考的方向，甚至超越了國家與國

〔註39〕鍾梅音《海天遊蹤第二集》（台北：大中國，1966年），頁101。
〔註40〕鍾梅音《海天遊蹤第一集》（台北：大中國，1966年），頁62。
〔註41〕鐘梅音《旅人的故事》（台北：大地，1973年），頁60。
〔註42〕正是鄭明娳所謂「人文式遊記」，也是「哲學家的旅行」，其定義為：「本類型

家的疆界，這些課題更指向人類生活的大環境，將思考的視野從國家延伸到全球。

最後必須提到，在鍾梅音的旅程中，因爲多半與當地的華人朋友同遊，除了當地嚮導之外，較少接觸到當地居民，因此較難進行深度的體驗；此外，鍾梅音在取材上也略爲雜蕪，連海關經驗、住房手續、乘車技巧等都鉅細靡遺詳加書寫，這些內容的確使遊記本身削減了藝術美感，並且缺少主題性，然而，這也是遊記在文學發展中不可避免的過程。

三、東方印象：亞洲風土情懷

旅行是一面鏡子，讓旅者映照出自己的身分以及歷史背景，身在異國的旅人往往在觀看其它國家的同時，進行著文化認同與思索的過程。鍾梅音移動的足跡自 1949 年遷台始，於宜蘭度過了一段安定的歲月後，並未因此停止遷徙；鍾梅音除了赴歐美旅行之外，也幾度與東南亞諸國有所交會：1969 年隨丈夫余伯祺創業的腳步而至泰國曼谷，1971 年又遷徙至新加坡。最後，她分別整理了兩地心得，將旅居東南亞的點滴蒐羅成《蘭苑隨筆》（1971）、《昨日在湄江》（1977）等書。

藉由溫潤的筆調與宏觀的視野，鍾梅音爲台灣開拓了一扇觀看亞洲文化風俗的窗櫺。除了回不去的中國大陸，其實鄰近台灣的香港、日本等地，也都有她駐足的痕跡。而旅行過世界各地之後，面對同是東亞文化圈的亞洲城市，鍾梅音多了更深刻的感情。在香港之旅中，因香港接近中國本土，使得鍾梅音不禁思慕起故國點滴；而日本之旅時，因接觸到日本人的行事態度、待客方式，令她震懾於日本文明的先進；至於南洋之旅，她走過了泰國、馬來西亞與新加坡，則因心境的流轉、生活的愜意，反而多了份自在隨性。

無論是長期旅居或短期旅行，旅人都必須在有限的時間內、進行有限的地點探索；鍾梅音的旅行方式相當有效率，她往往運用三、四天的時間停駐一地，作重點式的掃描與理解，沿途雖不至於走馬看花，卻由於她大多選擇參訪世界著名的觀光景點，因此便較少有觀察、探索、發現未知事物的機會。

較不注重景觀的雕鏤刻劃，而著重在知識的人文思考上，往往深入旅遊的歷史文化背景中思索人群的互動，觀察社會生活方式，或是藉景發揮，在鑑賞風物之外，引帶出人生的哲理或是時代的批判來。」見鄭明娳《現代散文類型論》（台北：大安，2010 年），頁 225～226。

香港一遊中，她將都會忙碌緊張的氣息描寫得鉅細靡遺。在當時，台灣尚未開放返鄉探親，更遑論能夠自由地進出旅行。當她踏上香港土地，中國故鄉就近在咫尺，在這段戒嚴時期中，由於嚴峻的政治形式，兩岸人民雖相距不遠，卻形同天涯。鍾梅音在心中遙望著中國大陸，思鄉思國之情油然而生：

> 雨點打在玻璃窗上沙沙作響，樓高風急，來勢仍猛，想起台灣，更
> 想起大陸的故國，竟爲之一夜無眠。雖然我仍喜歡香港，路邊賣玉
> 的小販，街上唐裝的婦女，都讓人興故國之思：窄窄的街道兩面都
> 是整齊的高樓，更使我想起上海的英租界，然而故國咫尺天涯，香
> 港到底只是香港啊！〔註43〕

鍾梅音運用了細膩的文字，以風聲、雨點爲背景，含蓄地表達出故國之思，也表達出遷台一代最深處的心聲。

在戒嚴時期造訪日本的女作家中，除了鍾梅音外，尚有1931年赴早稻田研究的謝冰瑩、八〇年代赴京都考察的本省女作家林文月，而鍾梅音便是一位承上啓下的關鍵人物。在歷經不同城市的洗禮之後，鍾梅音不諱言：「瑞士的山水最美，德國的人物最美，義大利的歌聲最美，巴黎的情調最美；倫敦適於訪古，紐約適於學習，養老最好在火奴魯魯，觀光最好卻是在日本。」〔註44〕

中國與日本兩國之間的恩怨情仇由來已久，然而展卷近代史，台灣與日本之間因爲「殖民」這一層關係而有特殊的互動；此外，二十世紀也是旅行產業迅速興起的年代，旅行帶來的變革與效益，改變了國與國之間的政經關係；又因日本的觀光產業相當發達，使得赴日觀光的遊者都對於日本予以極佳的評價，是故鍾梅音對日本的書寫也突破了以往遷台女作家謝冰瑩的負面印象。

此外，她在日本產業中看見精神文明的細緻，在商店中看見日本人實事求是、精進不已的態度，因此當她欣賞日本文化的同時，也無時無刻不在反思自身國家的競爭力：

> 對於這樣一位緊密的芳鄰，我眞是充滿欽佩、喜愛、和更多的憂慮、
> 關切。人與人之間，不全是感情的問題，還有利害的矛盾，國與國

〔註43〕鍾梅音《海天遊蹤第一集》（台北：大中國，1966年），頁33。
〔註44〕鍾梅音《海天遊蹤第一集》（台北：大中國，1966年），頁35。

之間，就更複雜了。臥榻之旁，有這麼一位精明強幹而又野心勃勃
的人物，我們不能老是酣睡著——看了日本人那種辦事的精神，再
看我們自己社會上這種缺乏效率的顢頇作風，我們不得不承認，我
們所曾受過的深創巨痛，豈僅幾艘十八世紀美國軍艦的叩關示威可
比？但我們似乎直到今天也還不醒過來。〔註45〕

女性在戒嚴的時代雖遠離政治核心，然而這一份對國家發展無比憂忡的入世
精神卻不容忽視，鍾梅音藉遊記表達關心國家的心聲，一方面呈現出遊記反
映現實的功能，一方面也蓄積成七○年代女作家意識覺醒的力量。

　　自明代以來，東南亞便是許多華僑移民的重要據點。東南亞與台灣的關
係一向相當緊密，許多學校也實行華文教育，當人們前往與自身文化背景相
似的地方時，那股熟悉的感受常常會引發旅者的鄉愁。1969 年鍾梅音自台灣
來到泰國曼谷，為了這趟出遊，她結束了經營二十年的宜蘭生活。出發前
夕，她的心情是「興奮憧憬的成份少，留戀惶恐的成份多。」〔註46〕原以為
渡海赴台後，在台灣的生活已是安定不變的，沒想到因緣際會之下，她又必
須汲汲上路。

　　雖然她渴望安定的因子依舊在心中揮之不去，但是經歷了歐美旅行的體
驗後，鍾梅音漸漸培養了自己獨特的文化體驗形式。在南洋生活的日子中，
她試著讓自己融入當地，除了飽覽異國風光外，遊記中呈現了更多的日常活
動，包含食、衣、住、行等方面，其中最獨特的地方在於與當地人的互動，
無論是風俗、節慶、生活點滴，在鍾梅音的親身參與下，顯現著生命力十足
的南洋風情。

　　十二月的曼谷充滿熱鬧的氛圍，「水燈節」是泰國一年中最熱鬧的祭典活
動，鍾梅音恰好躬逢其盛，並與友人乘船偕往參加。節慶不僅是民俗文化的
表徵，也是旅人融入當地的最佳方式，藉由參與節慶活動，旅人可以更深層
感受到真實的生活與社會。不同於歐美旅行的緊湊行程，鍾梅音在泰國停駐
了兩年之久，她往往在熱鬧的時分，格外有人生的感悟。或許是漂泊的宿命，
在她感受異國文化之際，也深深體會歲月流轉的滋味：

　　　「夢裡不知身是客，蓬萊宮中日月長。」李後主的詞，白居易的
　　　詩，加起來正是我心境，從樂天知足的泰國人的悠閒生活裡，一點

〔註45〕鍾梅音《海天遊蹤第一集》（台北：大中國，1966 年），頁 41。
〔註46〕鍾梅音《蘭苑隨筆》（台北：三民，1971 年），頁 179。

也不覺得「流年暗中偷換」，這是個令人忘記時間，也忘記年齡的地
方。〔註47〕

其實，當旅人的目的已經不再是抱持著好奇之眼蒐羅異物、觀看外在時，便
會將心中的感受寄託在當下點滴。鍾梅音半生漂泊，或許南洋獨特的安適氛
圍正好符應她的心境，才使她發而為文，情景相成。在鍾梅音晚期域外遊記
的書寫上，因此無往不成趣、無物不成景、無地不可遊。

自言平生「忙碌不堪」的鍾梅音，來到曼谷時，就是抱持著「反璞歸真」
的生活態度，南洋獨有的緩慢步調與安適生活，使得鍾梅音漸漸地將外在景
物融入自身的生命情境中，時時呈顯她因幾番遷徙而渴望塵埃落定的閒淡情
懷，是故鍾梅音認為泰國是一令人放鬆的所在：

> 我愛斯土純樸自然的風尚，就像當年畫家高更愛上了大溪地一般。
>
> 〔註48〕

在泰國的書寫中，鍾梅音最珍視家人團聚的時光。家庭生活的點滴，看似平
淡無奇，但是奔波世界各地後，她體悟到與家人共享生命，才是生活的目
的，這些內容也成為南洋遊記中最可貴的部分。因此在她 1971 年離開泰國
時，更認為「這兩年在曼谷的生活，正如蘇澳六年一樣，是我一生之中最好
的時光。」〔註49〕

在這段日子中，鍾梅音一家人也到新加坡、馬來西亞旅行。而鍾梅音喜
愛東南亞國度的原因，除了其悠然自在的生活方式之外，更因為在充滿中國
古樸氣味的街道上，處處都是華僑移民生活的蹤跡，這一份熟悉的感覺使她
沉浸在其中：

> 誰能相信我們是在國外旅行呢？滿目華文滿耳鄉音裡，許多事物都
> 比台灣的中國人更中國化，店家門前柱上還懸著小小神龕，貼著
> 「天官賜福」，藥房漆著金晃晃的大字「參茸燕桂」，當我們離去前
> 夕，對這可愛的城市作最後巡禮時，正值中元，大街小巷，家家門
> 口都在祭祖、焚錫箔，處處動人歸思，充滿鄉情……〔註50〕

除了感受溫熱的人文關懷與中國情感，東南亞的各種社會現象也讓鍾梅音學
習思考人類世界的多元文化。馬來西亞之旅中，她讚嘆著當地自然無慮的

〔註47〕鍾梅音《蘭苑隨筆》（台北：三民，1971 年），頁 29。
〔註48〕鍾梅音《蘭苑隨筆》（台北：三民，1971 年），頁 62。
〔註49〕鍾梅音《蘭苑隨筆》（台北：三民，1971 年），頁 179。
〔註50〕鍾梅音《蘭苑隨筆》（台北：三民，1971 年），頁 115。

生活：

> 誰說「進步」一定是好現象呢？檳城從些方面來說是比較「落後」
> 的，譬如大規模的觀光旅社不多，汽車也不多，但因此而有更遼闊
> 的天地，空氣也還未被汙染。……唉！世界上居然還有這樣如夢如
> 詩的生活！那該是一世紀以前的事了，這世界實在跑得太快了。
>
> 〔註 51〕

相較於歐美的「快速」、「進步」、「便利」，她反思著人類「文明」的意義。不
過，即便是在如此悠然暢意的環境中，時代給予鍾梅音的憂患意識卻未曾遠
離。世界各個國家皆有不同的發展特色，孰優、孰劣並不是只有一種比較標
準，孰好、孰壞也並非只有一種解讀方式。不同旅人都有自己的立足點，旅
行多國的鍾梅音，不只提供給讀者更廣闊的視野，藉由遊記內容中對各地人
事物的描寫，讓作者和讀者都能夠進行更清明的思考。

　　在出國旅行不甚方便的六〇年代，鍾梅音在各種因緣際會之下，前往美
洲、亞洲、歐洲旅行，這份難能可貴的機會，不僅豐富了她個人的生命，也
藉由細膩詳實的文字，記錄著各具風貌的世界都會、以及中西文化交流溝通
的歷程。無論旅居何地，鍾梅音體悟到旅行真正的藝術──旅行是開拓心
境、挖掘美好的最佳方式。正如她在文中之言：「世界之可愛，不只因它擁有
青山綠水、鳥語花香，更因它擁有許多智者與卓越的思想、至美的藝術。」
〔註 52〕在她豐富的旅行經驗中，不僅接觸了東、西方世界，並領悟到：大地
之美與文化藝術都同樣重要，因為自然和人文是一個旅者凝視世界最重要的
兩種視野。

第四節　結語：旅行的修練

一、跨文化的理解與溝通

　　跨文化的理解力分為三個層次：第一層是對文化的淺層認知，這種認知
往往具有刻板印象的特徵，而呈現文化全貌的部分認知；第二層則是嘗試分
析對方文化，並且經常透過衝突的視角來尋求理解；第三層是使人們對文化
產生同感（sympathy），人們必須從局內人的視角來觀察某種文化，才能真正

〔註 51〕鍾梅音《蘭苑隨筆》（台北：三民，1971 年），頁 119。
〔註 52〕鍾梅音《蘭苑隨筆》（台北：三民，1971 年），頁 75。

理解這些文化，〔註53〕因此旅人在遭遇與自己相異的文化時，就會產生協調的機制，使自己在舊／新經驗中取得平衡。

王琰如旅居利比亞時，曾參加過當地的傳統婚禮，她認為入境隨俗方能融入當地環境，並體會人與人之間共通的情感：

> 為了向新人表示祝賀之意，我算是班加西來的遠客，便索性借了一套利國婦女服裝，並配戴一些金光閃亮的手鐲及項鍊等，加入舞蹈行列。至此，歡樂的氣氛似已達於高潮，鼓聲更響，哨吶更亮，眾人鼓舌若狂，掌聲也更多更有力了，我興奮的情緒是渾渾噩噩、模糊一片的，我只感到，這是民族與民族之間的感情，是國與國之間的感情，也是人與人之間的感情，人類為什麼要分出彼此，你爭我奪，把世界弄得如此烏煙瘴氣，如此擾攘不安呢？〔註54〕

當人們開始因高科技的交通之利，得於在不同國界穿梭自如時，「世界村」或「地球村」的概念也漸漸滲透到作家的文字之中。當旅人離開家鄉，一直到抵達目的地的過程中，無論在飛機、輪船，或是隨意一條街道上，都有許多與異國人士接觸的機會。不只是旅行各地的人們需要學習理解跨文化的思考模式，任何人隨時都有機會與不同種族、不同文化背景的人溝通。

王琰如居住的「華琪公寓」（Faraj Building）原本是華僑居住的集散地，然而鄰居的成員有中國人、印度人、西班牙人、英國人……等。王琰如曾至西班牙鄰居桑契先生家中共度午茶時光，也曾請英籍教授為孩子湘兒補習英語，與任一「地球村民」相處已是二十世紀旅行的特色。對王琰如而言，跨越異國文化的代溝，真誠地與他人互動，是旅居歲月中可貴的經驗。因此，旅行已經不只是書寫食衣住行，而更具有深切的人性省思：

> 對於桑契先生，我們雖然彼此都是異國旅途中的過客，萍水相逢，毫無牽累，但是由於我們同是自由國家的一份子，我們有著休戚與共的情感，由陌生而相識，由相識而彼此協助，想到「遠親不如近鄰」那句話，我們多慶幸能有如此氣味相投的鄰居？〔註55〕

另外，當湘兒前往美國求學時，王琰如也對國與國的互動、人與人的相處有感而發：

〔註53〕安然《跨文化傳播與適應研究》（北京：新華，2011年），頁45。
〔註54〕王琰如《我在利比亞》（台北：三民，1969年），頁34。
〔註55〕王琰如《我在利比亞》（台北：三民，1969年），頁58。

> 世間最難覓得的是濃郁的人情味，茫茫人海，素昧平生，一般人都
> 以爲交友爲難，其實，彼此果能以誠相待，友誼是不難建立起來的，
> 美國的人情味，使我欣賞，也使我衷心感激……人與人之間，原本
> 應該和平相處，互助合作，擴充視界，所謂四海之內，皆兄弟也。
> 美國人樂於伸出友誼之手，這種私人之間的交往，如果擴而大之，
> 國與國之間，亦復如此，則世界上哪來火藥味呢？〔註56〕

能有如此寬闊的胸襟、溫暖的情感，是王琰如與異國文化的相處之道，旅行
過程中也唯有撤除成見、包容一切，旅者方能夠隨遇而安、看見更多豐富的
世界大觀。

　　在鍾梅音的歐美旅行中，則較少寫到遊歷地居民的動態，她用宏觀的視
野看待世界民族的互動，在《海天遊蹤》序文即提到：

> 看了這些不同的民族，建立在不同的文化上；不同的生活，表現出
> 不同的樂趣，眞是多彩多姿，引人入勝。那些生活也許我們不盡習
> 慣，但都值得細細欣賞，這又使我感到尊重他人的胸襟是何等重
> 要？〔註57〕

鍾梅音不只是用雙足走向異國土地，在台灣國際地位危微的六○年代，她更
體悟到世界和平的重要，並期許人類能不分國界、和諧共處；這一份信念對
遷徙世代的人們而言，也顯得格外有意義。此外，鍾梅音在荷蘭旅行時也有
所體悟：

> 天下也有一種人，或一種民族，天生的野心勃勃，以製造仇恨不安
> 爲快事，假使大家都能像荷蘭人一樣爲將來而建設，那就是人類的
> 福祉了。〔註58〕

綜觀二人，王琰如著重旅居生活中與他人建立互助互信的情誼，鍾梅音則藉
由旁觀的角度理解文化異同，她們都用自己的旅行方式來處理不同文化情境
的矛盾，這也是旅人走向世界時需要學習的重要課題。

　　此外，王琰如和鍾梅音也通過參訪活動來體認當地內涵。鍾梅音帶領讀
者藉由梵諦岡教堂了解天主教的發展脈絡，也通過聖彼德教堂的壁畫、達文西
紀念館的雕塑、多摩博物館及多摩大教堂來認識義大利的文藝復興榮光，她更

〔註56〕王琰如《我在利比亞》（台北：三民，1969年），頁127。
〔註57〕鍾梅音《海天遊蹤第一集》（台北：大中國，1966年），頁3。
〔註58〕鍾梅音《旅人的故事》（台北：大地，1973年），頁291。

藉由觀賞慕尼黑歌劇院的實際體驗，或是參加挪威的土風舞表演觀察住民特色；當她旅居東南亞時，也接觸了不少當地藝術，她常常在午後遊歷於不同流派的畫廊，或觀賞各式表演。通過這些形式，旅行達到了最大的功效——消除日常狹隘的偏見，重新發現自身文化的優劣。因此她說：「文化無價、親情無價，行萬里路所獲得的知識也無價。當我們的文化觸目盡是可怕的大紅柱子時，卻從別人的生活裡發現許多我們失去已久的清逸和高雅。」〔註59〕

　　旅行滌清了人們原來既有的認知，這一份可貴的體驗也為讀者帶來旅行的憧憬，「讀萬卷書，行萬里路」不再是男性專屬的權利，女性一樣可以站在域外旅行的現場，藉由遊記的書寫與出版，取得更大向度的文化視野。

　　除此之外，生活的適應也是跨文化理解的一環。王琰如喜愛親自下廚，她常常在異地烹飪中國食物，即便因食材、調味品的匱乏而風味欠佳，但她依舊樂在其中；不同於王琰如的隨性自在，鍾梅音不諱言自己在旅途中飲食的不適應：

> 我自幼生長他鄉，到處漫遊，能習慣各處口味，就不能習慣歐洲的
> 口味。〔註60〕

號稱美食之都的義大利帶給她的印象竟是「麵包硬，乳酪羶」，這是因為生活環境不同帶來的認知差異；但是在東南亞旅行過程中，她對泰國水果印象極佳，如清爽甜口的紅毛丹、山竹等，特產榴槤更是令她特別難忘。因此王琰如藉由下廚來體會旅行中可貴的家鄉味，鍾梅音的味覺感受則展示了一段文化適應與探索的歷程。

　　是故旅人為了在本國與異國的移動之間取得平衡，常常運用參與活動、文物觀光、感官體驗等方式來連結、認識陌生空間，以便掌握旅行地的文化特質。這些過程不僅深深銘刻了她們個人的旅行記憶，也豐富了域外遊記的內容。

二、從報導文學出發：面面俱到的書寫

　　陳室如認為：「『述多於論』的書寫策略，在台灣早期的旅行寫作中幾乎是一種常態，尤其是企圖將場景在作品中傳神呈現的特點。」〔註61〕六

〔註59〕鍾梅音《蘭苑隨筆》（台北：三民，1971年），頁79。
〔註60〕鍾梅音《海天遊蹤第二集》（台北：大中國，1966年），頁47。
〔註61〕陳室如《出發與回歸的辯證——台灣現代旅行書寫研究（1949～2002）》（彰化師範大學國文學研究所碩士論文，2003年），頁47。

○年代出遊的王琰如及鍾梅音都有相同的傾向。首先，在《我在利比亞》一書中，王琰如先概略性地對利比亞歷史、地理、文化、風俗……等層面詳細介紹，希望可以提供台灣讀者更多當地資料；再進而報告政治、經濟等實際情形；最後才是非洲生活點滴。此種書寫模式透露了以下訊息：在台灣少有人出國的環境下，將異國資訊詳實地舖列成章，是最基本的遊記書寫模式。

謝冰瑩在《我在利比亞》的序文中提到：

> 遊記文學，台灣近年來成了熱門，出版了很多。因爲交通發達，縮
> 短了人與人，國與國之間的距離，不論記敘哪一國的風土人情，都
> 值得我們一讀再讀；到過那個國家的人，固然可以重新回味一下；
> 沒有去遊過的人，更應該了解異國的風光和一切人情風俗。〔註62〕

由此可知，當時遊記往往是以介紹異國文化、傳遞風土民情等內容爲主；在修辭上，大抵採用平鋪直敘的筆法，少有自抒胸懷之筆。王琰如常常用報導式的筆法記錄非洲六年的旅居生活。如《度假記瑣》的希臘體驗：

> 我在這裡倒想起有數事值得向讀者報導：
> 一、希臘婦女之美，眞美得出奇……
> 二、記得「海天遊蹤」作者寫到義大利人時……
> 三、希臘導遊人員雖多，但實在難於勝任……
> 四、常見希臘青年男女，身負背囊，手執導遊指南，徒步旅行……
> 五、旅遊希臘，最使人滿意者厥爲出入機場碼頭，海關向不檢查行
> 　　李，無須翻箱倒櫃，行旅稱便。
> 六、某日赴岱爾菲訪古，車行往返五百餘公里，路經希臘農業區，
> 　　大片麥田，有時數十里內亦不見村莊。
> 七、平常公務員上下班時間爲每日十小時，禮拜天全日休息，禮拜
> 　　三、六下午休息……。〔註63〕

除此之外，王琰如也習慣將旅途經歷詳實記錄，雖然此種手法能客觀地呈現異國風土人情，讀者也便於掌握作者蹤跡，然而不事剪裁修飾的結果，往往使作品較難突顯作家風格及旅遊主題，也較難觀察遊者心靈與景點之間的微妙互動。此外，從作者編排目次的方式、題目的命名等，亦可發現當時遊記

〔註62〕王琰如《我在利比亞》（台北：三民，1969 年），頁 2。
〔註63〕王琰如《我在利比亞》（台北：三民，1969 年），頁 86～88。

內容大多是以介紹風土民情爲主，如：〈我所知道的利比亞王國〉、〈利比亞的婚俗〉、〈利國郵政趣聞〉等。

　　鍾梅音的遊記作品備受文壇讚揚，不只是因爲其旅行過程充實豐富，遊記中也常常可見詳細的史料以資參考。她的作品不但「博觀」，而且「博取」，可說是相當用功的作家。如書寫挪威時，她除了將視角聚焦在地理景觀上，也提供讀者相關的實用資訊：

　　　　挪威全境有四分之三是山地高原，氣候卻屬海洋性，據說大西洋的暖
　　　　流使挪威氣候並不十分嚴寒，大部分海面和港口都不結冰。〔註64〕

前往瑞士旅行時，更將實際的地理數據置入作品中：

　　　　瑞士這個國家，總面積不過四萬一千二百平方公里，倒有四十多條
　　　　河流，五十多個湖沼，剩下的土地上，草地卻占了百分之五十，森
　　　　林百分之三十，耕地只有百分之十二。〔註65〕

無論哪個城市，她不厭其煩地敘述所到之處的地理概況、歷史發展，導致部分文章儼然成爲一份簡單的實用地誌。是故鍾梅音的遊記往往有面面俱到的異域書寫，雖提供給讀者相當實用的資訊，卻也同時削減了整體的藝術結構。

　　其實，在六〇年代書寫遊記的作者中，鍾梅音可稱得上具備鮮明寫作意識的一位，她對於「旅行」以及「遊記體裁」有相當獨到的見解：

　　　　我是出來旅行，並非考察；我寫的是遊記，並非報告，藝術是有剪
　　　　裁的，如果作品只是事實再現，那就不是文學。〔註66〕

她認爲遊記體裁和報導式作品最大的不同在於文學的「藝術性」；進一步言之，是作家必須將自己的觀點融入其中，使作品具有個人風格。

　　六〇年代之際，新聞事業開始發展，報導文學漸漸興盛，使文章呈現的資訊性內容受到重視。鄭明娳認爲：「報導文學需要以眞實作基礎，始爲其充分必要條件。」〔註67〕報導文學以實事求是爲基礎，書寫的架構須具系統性，並且條理分明。鄭明娳在《現代散文類型論》中也曾辨析「旅行式報導文學」與「遊記」的差異之處：

　　　　報導文學必須縝密地蒐集、分析報告者所見所聞的各項客觀資料，

〔註64〕鍾梅音《海天遊蹤第二集》（台北：大中國，1966年），頁108。
〔註65〕鍾梅音《海天遊蹤第二集》（台北：大中國圖書，1966年），頁33。
〔註66〕鍾梅音《昨日在湄江》（香港：小草，1975年），頁5。
〔註67〕鄭明娳《現代散文現象論》（台北：大安，2001年），頁152。

而遊記著重在個人主觀的印象和感受。〔註68〕

在六○年代，能夠擁有機會遨遊他方是相當難得的經驗，因此作家透過詳細的書寫，不只為自己留下行蹤記錄，也向讀者展示域外風光，更何況是遊歷不同的地方；而豐富的旅行活動也使鍾梅音有了不同的創作方式。

觀察鍾梅音稍晚出版的《蘭苑隨筆》，便已經將原本《海天遊蹤》連綴式的體裁彈性調整，除了內容更加生活化之外，書寫的題材也更多元；雖然在部分篇幅中，仍免不了先對旅行國家作概括性的介紹，期許讀者能夠先掌握國家的基本資料，她也嘗試挖掘旅行自覺與女性意識，這是作家的進步，也是時代的進步。

無論如何，作家書寫域外遊蹤的最終目的在於「分享」，這些六○年代出遊的作品雖然偏向報導式的書寫方式，這也是遊記在發展過程中必經階段。當旅人累積較多次的域外經驗後，寫作題材就可以增加變化，作家也會開始省思自我、挖掘內在。每個人的內心世界都是獨一無二的，這種特殊的精神層面，與每個人的獨特生活經驗與生命軌跡有不可分割的關係，〔註69〕因此王琰如、鍾梅音藉由她們寶貴的域外體驗，闡述了女性遷移的生命故事，也展示了遊記體裁從報導式書寫、過渡到心靈式的曲折過程。

三、感時花濺淚：女性的家國意識

一段被人們深深記憶的歷史，往往藉由多元的敘述架構組成，並形成豐富的探索空間。蕭阿勤認為：「關於自我生命的故事，往往鑲嵌於某種集體的公共故事或歷史敘事，個人則於其中取得生命意義的定位、建構。」〔註70〕當國家經歷動亂之際，許多書寫者便從不同角度出發，並運用他們觀察敏銳的感受力、以及情感豐沛的健筆，書寫時代之聲，於是有些旅人有機會走得比較遠、看得比較廣、想得比較深，便會試圖比較國與國之間的強弱優劣。這一些比較無非是希望能夠針砭國事、振起人們奮發向上的精神。

鄭明娳認為五○至六○年代的文藝創作呈現了以下幾種主題：

1. 強烈反共抗俄的主題意識
2. 讚美愛國愛民愛家愛物的情操

〔註68〕鄭明娳《現代散文類型論》（台北：大安，2010 年），頁 258。
〔註69〕陳芳明《台灣新文學史》（台北：聯經，2011 年），頁 466。
〔註70〕蕭阿勤《回歸現實：台灣 1970 年代的戰後世代與文化政治變遷》（台北：中央研究院社會學研究所，2008 年），頁 347。

3. 揭示人生的光明面，鼓勵積極向上的人生觀

4. 描寫國家社會的進步、繁榮、和諧

5. 重新詮釋古聖先賢的人生哲理〔註71〕

千篇一律的文學創作以及批評方式襲捲了當時文壇，造成社會意識型態的刻板保守，然而女性卻在官方主導的文化體系之外，藉由散文的書寫傳播，嘗試拓展文類交融、變化的可能性，域外遊記的創作便是重要的一脈線索。女作家藉由出國的機會，一面觀考他國得失，一面反身省察母國，是故女作家的遊記不僅清楚地對照中外，也彰顯了女性意識覺醒的契機。

張瑞芬認為在戰後來台的女作家中，蘇雪林、謝冰瑩是談得上受五四新文學影響的人物，王琰如這一輩的年代稍晚，則恐怕沒有太直接的關係。二十世紀初期中國文壇經歷了五四運動的洗禮之後，改變了文化傳統的走向，這一脈文學觀點由第一代外省女作家在台灣傳遞賡續；而王琰如、鍾梅音雖在中國度過其年少歲月，但是當她們開始提筆創作時，卻已是身處台灣時空背景中，是故她們不僅受到中國的教育洗禮，更受到台灣人事環境的影響。

而六〇年代台灣尚未開放觀光，女作家都是因為丈夫出國工作的機緣而得以進行域外旅行，雖然當時旅行的自主性與自由度不能和現今相比，但是她們的遊記依舊標榜著兩種不同的意義：一是以台灣作為出發點，建構了域外遊記的在地基礎；二是這些女作家嘗試以平視的觀點，避免官方主導立場，呈現觀察所得。

王琰如在非洲度過了六年時光，她也運用這段期間遊覽地中海周圍，如西方文明的源頭——希臘、永恆的浪漫之都——法國、蔚藍國度——馬爾他等，在觀賞風景之餘，她更擅長用親切溫暖的筆法、如話家常的文句、不卑不亢的態度進行中西文化比較：

> 我從不認為外國月亮比我們的圓，但別人有值得作我們借鏡之處，也不應一筆抹煞。我國歷史悠久，文化輝煌，較之世界上其他古老國家如希臘、埃及、印度諸國，並無遜色之處。可惜的是，我國古代建築，大都木造。秦皇殘暴，窮奢極侈，營建阿房宮，極富麗堂皇之能事，不幸被項羽一把火燒得片瓦無存。因此，當我每次看到若干國家古代遺址，無論是石灰石膏大城牆，大理石殘柱斷墩，以及壁飾浮雕，總不免發生一種感想，那就是外國人對於保存文化這

〔註71〕 鄭明娳《現代散文現象論》（台北：大安，2001年），頁83。

> 一點來說，他們是相當聰明的。〔註72〕

古代遺址的保存對於國家歷史的想像具有啓示作用，「尋根」對於域外遊人尤其重要，希臘是西方文明的源頭，在她探訪雅典城時，雖身在異國，心中卻恆念著中國家鄉：

> 而此行最使我不甘的，就是我們有古老歷史文化，當我們一旦收復故國錦繡河山後，不信世人不也和現在一樣，擠向我們的南京、上海、杭州、成都、昆明或北平。我們的曲阜孔林，我們的古老寺廟，完整的程度，藝術的價值，不相信會在希臘文化之下。〔註73〕

王琰如雖自謙只是一名家庭婦女，但是當她見識到西方文明大放異彩時，能夠進一步反思自身，挖掘母國文化。至而筆鋒一轉，亦感嘆中國政治尚未明朗，推展中華文明的機會也因此受到侷限。

女作家們藉由她們敏銳的觀察、豐富的記錄，使遊記成為一面鏡子，照映出六〇年代台灣社會與文壇的面貌，時代對於作家的需求，亦反映在作家書寫的內容上。不同作者感應到的時代氛圍，均有可能以顯性或隱性的方式記錄在文學之中。

鍾梅音的《海天遊蹤》被讚譽為遊記的典範，序文當中呈現了她對異文化的新鮮好奇、付梓出版的感激心情，她更關注國家對政治的影響：

> 這次旅行經過大小十三個國家，計泰國、馬來西亞、黎巴嫩……這些國家各有各的立國之道，這些城市各有各的可愛面目，但卻有一共同之點──那就是從民主政治上求進步。〔註74〕

她也有意使文學作品成為教育社會的方式：

> 願它不只是一部增益見聞怡情悅性的遊記而已，更願它能為這充滿因循敷衍與僥倖心理的社會打開一面天窗，其中值得我們政府與同胞效法的事情很多，我們非不能也，乃不為也，做與不做，或是否好好地做，只在一念之間。〔註75〕

而這一份入世的情懷不僅具備豐富的現實內涵，也展現出女性知識分子對於當代社會發展的積極度以及觀察力。研究女性旅行的譚惠文亦云：「從當時的社會背景探究，即可以理解這時期的旅行散文何以有濃厚的愛國憂時之感。

〔註72〕 王琰如《旅非隨筆》（台北：中華，1975年），頁247～246。
〔註73〕 王琰如《我在利比亞》（台北：三民，1969年），頁89。
〔註74〕 鍾梅音《海天遊蹤第一集》（台北：大中國圖書，1966年），頁2。
〔註75〕 鍾梅音《海天遊蹤第一集》（台北：大中國圖書，1966年），頁4。

戰亂的遷徙，國內一切建設都還在起步階段，到先進國家的繁榮，有感於台灣建設、生活秩序處處不如人，旅人內心自有一種沉重感，企盼國家能早日強盛。」〔註76〕

　　除了積極針砭的力量，鍾梅音更擅長書寫各色建築、名人、史蹟，呈現豐富的歷史文化，藉由這些世界性的文化遺產展現西方物質文明的偉大精神。然而，在書寫異國風物的同時，她也回憶起遙遠的中國：

> 當載滿鮮花去趕早市的船兒蕩入橋洞，美得令我想起許多地方，想起蓮葉田田十里的南京莫愁湖，想起扁舟一葉盛著歡樂顏彩的泰國花農，也令我感到自己的生命裡綴滿了這些美麗的回憶。〔註77〕

> 薩爾斯堡的風景，越看愈像山水甲桂林的桂林，那條水流活活的薩爾札克江也有點像桂林的灘江。〔註78〕

中國的山水印象成為她理解歐洲的對照組，她要讓台灣的讀者能夠同步感受她所見到的世界，更讓讀者想像她心中所眷念的中國家鄉。

　　此外，鍾梅音的遊記中，往往可以見到她對西方文明的崇拜以及讚嘆，再進而對國人抱持著深切的期許。如德國之旅中，她深切感受德國民族的踏實與誠信；她也見到心高氣傲的日本人，並且引以為戒。旅行的過程，就是行走在流動的疆界中，見到各式各樣的人種，她不禁深深感嘆：「我們若不出去走一趟，永遠不知自己在這個世界上到底扮的什麼角色，還要關起門來自稱自讚自誇自大呢！」〔註79〕

　　此外，在美國之旅中，深深引起鍾梅音思鄉之情的是舊金山中國城之遊。世界各地的中國城、唐人街都是一種再造的文化空間，在異國空間見到熟悉的建築，使她直接面對自己的文化根源：

> 當我走在中國城的街道上，我像面對著久別的母親，……我說不出心裡是什麼滋味，只覺滿腔悵惘。

> 日間再遊舊金山的中國城，發現有很寬的街道，而且，我覺得那個樣子就對了，雖然她仍不像台北。

〔註76〕譚惠文《台灣當代女性旅行散文研究》（東吳大學中國文學研究所博士論文，2008年），頁61。
〔註77〕鍾梅音《旅人的故事》（台北：大地，1973年），頁309。
〔註78〕鍾梅音《旅人的故事》（台北：大地，1973年），頁245。
〔註79〕鍾梅音《海天遊蹤第二集》（台北：大中國，1966年），頁99。

> 但是台北又何嘗眞能代表六十年代的中國文化？……

> 一個城市的市容，也代表這一區域的文化水準，舊金山的中國城確
> 是令人驕傲的，唯一的也最大的遺憾，在中國城裡竟找不著從台灣
> 去的書報刊物。〔註80〕

同樣的感受也呈現在東南亞之旅，其中泰國受中華文化影響至深，自古便曾
是中國屬地，在安定的政局中漸漸走向富強。鍾梅音在泰國的生活愜意自
在，但江南雖好、仍是他鄉，因此她不禁感嘆：

> 須知立身異國，實非容易，寄人籬下，心情總是孤單，那感覺與在
> 國內的心安理得迥然不同。所以一個人在國外住得愈久，愈眷念自
> 己的的祖國；現在我了解爲何華僑特別愛國，而且愛得恨鐵不成
> 鋼。他們正如遠嫁的女兒，總盼有個體面娘家，這娘家不一定是有
> 權有勢，但必須奮發有爲，充滿希望。〔註81〕

在二十世紀的世界情勢裡，西方掌握了政治與經濟的領先地位。鍾梅音自認
是中國文化的一份子，亦認同自己在台灣的生活點滴，當她面對異文化刺激
時，同時進行著美國、台灣、中國三地的交錯辯證，更引發了濃厚的鄉愁；
在感受新奇、體驗變化外，對中國故土總抱持著深切的懷念。雖然從中國遷
徙於台灣蘇澳之後，生活一切安好，但故鄉的一切已經成了不可知的往事，
是故當她遠遊之際，便把這一份期望與關懷寄託於台灣，期盼台灣政治社會
能夠更加進步。女作家將孤懸於外的寂寞心情寫得淋漓盡致，也藉由旅行途
中相遇之海外華人，說出了彼時人們心繫家園的共同心聲。

如果說五〇年代女作家寫出勇闖異域的嘗試精神，八、九〇年代的旅行
書寫反映了一顆自由奔赴的心靈，在後現代的旅行意義改寫女性文學史之
前，六〇年代的這批女性遠遊就呈現出一種積極攫取國際視野的態度。王琰
如用她的巧思慧心看待旅外的生活困躓，而鍾梅音也克服了身體的不適，用
珠璣篇章和讀者分享域外經驗；同時，旅程中所相遇的人事物都是如此新鮮
獨特，因此她們珍惜當下經歷的各種情境，也理解到旅行的點滴便是自己生
活的面貌。她們藉由書寫沿途風光，期盼作品能成爲針砭社會前進的力量，
在個人感受外，更不忘肩負起時代的任務，因此六〇年代的女作家旅行也是
一場國族的遠遊。

〔註80〕 鍾梅音《海天遊蹤第一集》（台北：大中國，1966 年），頁 104。
〔註81〕 鍾梅音《蘭苑隨筆》（台北：三民，1971 年），頁 188。

第四章　尋找美麗國度

第一節　前言：眾音交響的遊記書寫

　　台灣在七〇年代呈現了多元的發展趨向，外交關係奇詭多變、內在政治結構轉型、社會世代輪替……等，這些變化深深地影響了生活在這塊島嶼上的眾人。

　　外交情勢上，1970 年 10 月 13 日，台灣正式與加拿大斷交，加拿大甚至與中華人民共和國達成協議，承認台灣是中華人民共和國的一部分；1972 年日本在首相田中角榮的主導下，承認中華人民共和國的國際地位，並尊重中華人民共和國所持「一個中國」的論述態度。台灣在國際情勢上既顯弱勢，國內因應的政治措施大大地影響了眾人言論立場的轉向以及傳播發聲的位置；然而，台灣雖然在官方的國際交流處於逆境，在教育與文化的交流卻不斷增加，包含我國學生出外留學、互派學者訪問講學……等，民間團體舉辦的國際活動愈益興盛。

　　在文壇發展上，本省籍的作家則開始受到重視，並取得愈來愈多的書寫管道，隨著時代的進展，第一代遷台作家們來台已歷二十年之久，在文壇上業已取得穩固的成就，而台灣獨有的文化也漸漸地融入他們的生活範圍中。然而，當國民政府的力量漸漸被民間豐富多元的活動代替之後，社會風氣亦會扭轉應變；另一方面，各項職業因應社會所需崛起，許多遷台人士投入社會不同領域皆有所成，而女性更扮演著愈來愈重要的社會角色，在嚴固的政經網絡漸漸寬鬆下，女性便能夠從更寬廣的角度來投入進行文學創作。

　　時代的開放多元，作家在書寫上就有更多題材選擇，林錫嘉在《耕雲的手》序文中提到這一種風氣的轉變：

> 相應於政治環境與社會變遷，自洋風東吹後，生活觀念受到衝擊，人生的文學也勢必受到影響。而以現階段的文學來說，散文文學所受到的影響較詩爲小；但是對文學的人生責任等觀念，近年來有了迷失與粉飾，這是我們生活在這個時代裡，感到的一種隱憂。由於我們生活過於浮華，已經腐蝕了我們的意志，更淡忘了那一段使我們顛沛流離的悲慟歷史。誠如詩人余光中所說：「新生代的作家輩出，文學技巧都不錯，但是否具有歷史的使命感，則是令人擔憂的。」〔註1〕

在五、六〇年代，由國民黨倡導的國族立場，已隨著時代漸漸隱沒，因此自七〇年代以降，台灣散文進入多元發展的時期，從傳統的原鄉和懷舊主題、自然生態的書寫、佛法與哲理的闡釋、現代都市文明的觀察、社會亂象的批判、運動與旅行的記述、飲食文化的描述，到個人的神思與冥想……等，作家書寫的範疇愈來愈貼近個人的現實生活，當時代的集體憂患意識帶來的歷史感漸漸褪去，也表示了新世代作家對書寫內容有了更多的選擇。

　　在社會上，風氣的轉變也讓人們出國旅行更加順利，1978 年 11 月 2 日行政院公布了「國民申請出國觀光規則」，台灣自此而始便邁入了「大眾化觀光」〔註2〕的階段，而旅行文化與遊記書寫也邁向另一種新階段，出版業的蓬勃發展支持了文學的鼎盛，作家書寫的地方也定義了世界景觀。

　　自七〇年代開始書寫域外遊記的遷台女作家有羅蘭（1919～）、梁丹丰（1935～）、三毛（1943～1991）等，她們年齡分布有些許落差，因此這階段出國旅行的女作家跨越了不同的年齡視角進行寫作。三毛來到台灣時不過六歲，梁丹丰來台時十三歲，她們兩位都在台灣接受教育、成家立業，「中國」對她們來說，是一種隱微的記憶，因此對於台灣的感情比先前世代的遷台女作家更加深厚；羅蘭比較特別，她在 1949 年隻身赴台時，正值而立之年，她的心境充滿著對自由、新奇的渴望，而沒有一般遷台人士遠離家鄉的

〔註1〕　林錫嘉《耕雲的手》（台北：金文圖書，1981 年），頁 13。
〔註2〕　大眾化觀光（Mass Tourism）意指大量的人數進行觀光旅遊——不止是菁英份子——興起的原因在於休閒時間的增加、薪資的自主權升高、可靠且價廉的交通工具，如汽車和飛機的興盛。見 Joseph D. Fridgen 著，蔡宛菁、龔聖雄編譯《觀光旅遊總論》（台中：環宇餐旅顧問，2007 年），頁 33。

孤寂感受，她認為來台灣是「奔向一個海外的島，找尋一些屬於生命的空氣與陽光。」由於這些作家屬於不同年齡層，她們用各自的觀點，寫出多元開放年代的域外風光，而她們選擇出國都有一個共同的目標——尋找更自由的可能。

　　張瑞芬認為七〇年代女作家的身分既多元又自由，因此創作的內容便「遊走於嚴肅／通俗文學之間，最具文類與文學越界的象徵性。」〔註 3〕其實，羅蘭、梁丹丰、三毛等人不僅能思考傳統對自己的意義，也懂得吸收當代社會思潮，豐富自己的生活。她們不像五〇年代作家一樣，將書寫的內容建立在國族傷痕的陰霾中，也不像六〇年代的女作家，只能依附丈夫出國。

　　在職業身分上，羅蘭原本是廣播名主持人，梁丹丰是一位畫家，三毛則走在學術的道路上，她們的日常生活原本就與社會脈動息息相關；在出國旅行的動機上，也都是出自個人的意願。是故此階段女作家在書寫遊記時，多半能夠用更具世情的眼光觀察世界百態，而這樣的心境也影響了書寫的內容，使得遊記脫離了以往的實用導向，形塑出具作家個性的旅行哲學，這一份美感價值同時預示了八、九〇年代台灣旅行散文的開花結果。

第二節　享受吧！一個人的旅行：〔註 4〕羅蘭的兩度歐美旅行

一、蒼茫雲海，〔註 5〕隨遇而遊

　　原名靳佩芬的羅蘭，是在國民政府大遷徙的歷史中，從遙遠的河北來到台灣的一頁傳奇，她是在文化沙漠中播下種子的廣播人，也是蒐錄時代青年心聲的書寫者；她是順應時代浪潮的漂流者，也是懂得優雅生活的旅行者。

　　羅蘭原本任職於廣播界，是台灣教育節目主持的典範，她的節目充滿知性與美感，自 1948 年赴台開始、迄於 1980 年止，她奉獻了 32 年的歲月在空中與聽眾相會。廣播是她的職業，然而在文壇上，羅蘭也是一位多產的作家。

〔註 3〕張瑞芬：《當代女性散文史論》（台北：麥田，2007 年），頁 370。

〔註 4〕書名來自美國作家 Elizabeth M. Gilbert（伊莉莎白‧吉爾伯特，1969～）的暢銷小說《Eat, pray, love》，中文翻譯為「享受吧！一個人的旅行」，書本描寫女性獨自在世界旅行、找回自信的故事。

〔註 5〕〈蒼茫雲海〉是羅蘭個人自傳《歲月沉沙》三部曲其中之一，另外二部曲是〈薊運河畔〉、〈風雨歸舟〉。

盛英在〈屬於秋天的作家——羅蘭〉中提及羅蘭多樣化的創作：

> 我讀到羅蘭 400 萬餘字作品，包括小語、散文、小說、歌劇、遊記、
> 信箱等，……在我看來，恰恰是晚近才面世的長篇小說《飄雪的春
> 天》，才較爲完整的構成了羅蘭的自傳體文學。它們既寫出羅蘭自
> 我，又爲時代提供了可資借鑑的史料。〔註6〕

羅蘭寫作題材豐富、形式多元，尤其在旅行書寫成爲顯學的今日，重新解讀
羅蘭文學史料，也是考察遷台女作家文學發展時必要的一環。

評論者面對 1949 年的動盪，有著不同的解讀方式：臺靜農認爲大多遷台
文人是「始經喪亂」，唐君毅則視之以「花果飄零」。身爲「遷客騷人」的羅
蘭，在如此歷史情境下，卻用一種「旅人的心情」面對未知的一切。帶著簡
單的行囊，她前往台灣的心情是既期待又喜悅的：

> 抗戰時，我在淪陷區的北方待了八年，勝利後，我就發誓要找一個
> 不冷不饑的地方。於是我就看報，報上說台灣四季如春，不冷，盛
> 產稻米、香蕉，不餓。所以我就提著一個小箱子來了。〔註7〕

這一份樂觀的精神始終伴隨著羅蘭，因此她在第二故鄉——台灣，能夠很快
地展開新生活，並且幾乎是在開始在電台上班的同時，便欣賞起亞熱帶蓊鬱
的花和藤蔓。〔註8〕

至於羅蘭的寫作歷程，是從定居台灣正式開始的，因爲跨入文壇時已年
屆四十多歲，作爲文壇的「新鮮人」而言，年歲較諸同時期的作家年長許多，
是故在諸多作品中，常呈現出歷經磨練淘洗後的溫柔敦厚；至於眞正使她聞
名文壇的作品，則是在 1963 年付梓的《羅蘭小語》〔註9〕諸集，以及結合抗
戰史與生命史的自傳性作品——《歲月沉沙》。〔註10〕如果說《羅蘭小語》是

〔註6〕 轉引自余恆慧《羅蘭散文研究》（台北教育大學中國語文學研究所碩士論文，
2008 年），頁 17。

〔註7〕 羅蘭《歲月沉沙第二部——蒼茫雲海》（台北：聯經，1995 年），頁 37。

〔註8〕 朱嘉雯《玫瑰，在她如此盛開的時候：探索女性文學的綺麗世界》（台北：秀
威，2007 年），頁 149。

〔註9〕 《羅蘭小語》的出版與廣播工作息息相關，這是一份在空中世界與眾人接觸、
發聲的工作，她在中國廣播電台擔任社會教育節目「安全島」的主持人，集
合了與青少年的交流心得、體會談心的內容後編纂成書。

〔註10〕 羅蘭個人自傳《歲月沉沙》一共分爲三部曲：〈薊運河畔〉、〈蒼茫雲海〉、〈風
雨歸舟〉。〈薊運河畔〉敘述她從出生到抗戰的生命史，羅蘭來自於近代中國
工業的發源地——天津附近的大家族，而七七事變爆發後，全家卻只能留守
在淪陷區；〈蒼茫雲海〉則自抗戰勝利後說起，當時她陷入感情、學業、事業、

她在職業生涯上的總集與成就，是他人與自己的對談記錄，那麼《歲月沉沙》則是驚心動魄的歷史故事，兩者也都各自反映了時代的大面向，於是乎，她的遊記作品《訪美散記》（1972）、《獨遊小記》（1981）就是寄託個人心志、呈現自我對話的最佳方式。

在當代旅行文學的研究中，評論者鮮少關注到羅蘭有兩度域外旅行的經驗，其實，在1949～1979年出遊的女作家中，她是少見的獨遊者。她一向擁有閒定安適的氣質，這一份淡然的情懷，她自認得之於「儒家的鎮定」以及「道家的瀟灑」。在兩岸隔絕、政治氣氛緊張的年代裡，濃重的鄉愁籠罩著遷台世代的內在心靈，但是羅蘭淡而哀傷的相思比起其他作家要節制的多，〔註11〕她懂得排解時代的苦難憂愁，因為歲月的憂患使她懂得知足。是故，倚賴生命中這一份從容優雅與溫柔敦厚，總讓羅蘭能用自在、自得的生命觀，從中國遷徙到台灣、再從台灣探索世界。

羅蘭的域外旅行共有兩次：第一次是1970年應美國國務院邀約前往考察，第二次則是在1979年自己安排的旅行，兩次旅行呈現了不同的觀察與體驗，而羅蘭的旅行在時代背景上也格外有意義，因為當時正是世界上資本主義盛行的年代，也是台灣從戒嚴走向開放的前夕。

《訪美散記》是羅蘭首次出國的遊記作品集，對她而言，第一次旅行是一趟緊鑼密鼓的過程，因為背負著廣播工作的任務，所以較少悠閒愜意的心情。在三個月的赴美期間，她安排了四十幾天的訪問行程，造訪十一個歐美城市，便捷的飛航網絡載著她到處「蜻蜓點水」，而此次參訪的重點在於教育、音樂、廣播電視等，羅蘭也對美國女性的生活特別的關注。研究旅行的學者夏菁提到：

> 對跨國活動的旅人來說，他們對事物的看法不會固守一端，而是有

家庭「四大皆空」階段，一個人隻身來台，在人地生疏的情況下，憑著樂觀進取的心，找到自己合適的工作，隨後結婚，成立了家庭，關於這一階段，羅蘭特別發揮了「從小故事反映大格局」的筆法，從對台灣風土人情的適應，寫到美國商業文化，以至移民問題等等，來反映這樣的一個時代。以上作品可以用來指涉羅蘭漂泊到台灣、旅行到歐美的遷徙過程。〈風雨歸舟〉則記錄了七十六年政府開放大陸探親後，自己如何看待返鄉的歷程，身為四十年隔絕家鄉的「歸人」，但最後「回到故鄉仍是客」，她找不回自己多年以來所塑造的中國夢，無盡惆悵之情溢於言表。

〔註11〕張永東、尚瑩〈文學與歷史的契合──論羅蘭自傳《歲月沉沙三部曲》〉，見《陝西延安大學學報》第30卷第5期（2008年10月），頁32。

> 一個雙重的視野，即是對自己文化和所在文化國作雙方比較和思
> 考，在思考中往往有一個參照的體系，但實際上，只要存在政治、
> 經濟而來的權利的不平等，不受影響或牽制的對話或交流只是理想
> 化的想像。〔註12〕

因此羅蘭本著中國文化的立場，在一百天的歐美旅行中，不斷地擷取不同層
面的觀點，拼湊出一幅中西文化的對比拼圖。

第二本遊記作品《獨遊小記》是在 1981 年才出版的作品，其實這趟旅行
延續了作者第一次的美國紀行，時隔九年，不僅作者的生活歷練更加豐富，
台灣和世界的連結也有了不一樣的變化。〔註 13〕羅蘭在第二次赴美旅行時，
常常寄宿在華人朋友家中，這些華人朋友讓羅蘭看見了在美華裔人士的生活
概況，並親身體會這「世界大熔爐」萬象繽紛的社會文化，更觀察了海外華
人在全球人口大遷徙的時代現象中，如何去堅持經營「中國式」的生活。

對羅蘭而言，世界充滿著無盡的寶藏，她細膩的書寫恰好反映了七〇年
代台灣遊記蛻變的過程，她不但主動拓展旅行的向度，也跨越前輩的書寫成
就，並嘗試以客觀、平等的心態來比較中西文化。她用一顆隨遇而安的心，
處處擷取寫作資源，旅行中所經驗的音樂、藝術、詩歌、飲食……等，皆無
所不寫，然而在各項主題之中，都有著她「無入而不自得」的生命情懷。

另一方面，《訪美散記》和《獨遊小記》雖是羅蘭作品中少見的遊記，這
些遊記卻反映了台灣女性旅行型態轉變的過程。她在早年曾經歷過苦厄的歷
史事件，渡海來台之後，用堅韌的生命力開創了事業、建立了家庭，因此她
是在事業有成之後出國，較之於同時期出版遊記的作家，多了些安然自在的
態度。此外，羅蘭兩度出遊所見視野也有不同層次：《訪美散記》多記令她驚
異的人事物，而《獨遊小記》則較多自我對話的書寫。其實，一本好遊記的
定義人人不同，「見聞記事」與「主觀感受」都是每次旅行途中必要的成分，
因此在羅蘭這兩本作品中，她除了連結「傳統中國」與「現代台灣」的雙重
視野，更蘊含豐富的自主意識，因此開創了遊記書寫的新向度。

〔註12〕夏菁《欲望與思考之旅：中國現代作家的南洋與英美遊記研究》（台北：文史
　　　　哲，2000 年），頁 285。

〔註13〕羅蘭《獨遊小記》：「十月三日，臨時決定再到美國一行。一方面是因靜極思
　　　　動，再者也是因為自上次訪美之後，國事世局，都有了不少變化，很想親眼
　　　　看看九年後的美國社會及許多新進才在美國闖出天下的朋友。」（台北：九歌，
　　　　1981 年），頁 33。

二、景觀的雙重作用：反思與回憶

在傳統中國遊記文學的美學觀點中，作家往往最重視山水大地的書寫，有的對景物客觀描摹，有的用主體意識與景物互動明心；其實新的時代潮流不斷沖擊、洗刷舊式文體，遊記創作也會獲得更大規模的發展

林非認為二十世紀的遊記普遍有著以下特色：

> 既出現了種種迷人的客觀景物，又湧動著作者與其接觸和交流之間，不斷閃爍出來的內心的歡樂或悲愴，從而寫出了主觀的體驗、領悟、詠歎或呼號，思考著人類和大自然的關係，思考著人類歷史的命運和前途，還從中充分地表達出自己的情操與人格的魅力。
>
> 〔註14〕

而羅蘭的遊記正好觸及了許多重要的問題意識，比如：旅人如何正視自己的旅行態度、旅人如何扮演好溝通異國與本國的橋梁、旅人如何判斷自己和居民之間的思考差異。

羅蘭於 1970 年九月訪美，當時正值楓紅之秋，初至異地的喜悅，讓她時時留意著滿地的落葉、四處疏朗的建築，由於訪期長達兩個月，雖然每天的行程都相當充實，但隨著旅行時間拉長，旅人的心境轉化成另一種觀看機制，因為一切的欣賞與認識，都需要在真正的涉入之後，還得騰身出來，作有距離的旁觀。〔註15〕在實際到達異域之前，任何旅人都會帶著部分的主觀意識出發，但在經由自己親身體驗之後，才會赫然發現自己的聽聞並非完全正確，而旅行最重要的意義正在於此——旅行讓原本刻板的印象、偏頗的觀念得到修正，這也是旅人自我成長的過程。

羅蘭在美國行之前，曾以為美國在高度工業化、資本化的社會中，人們必然是冷漠匆忙的，但在實際訪美後，她不僅體驗美國人的熱情，也觀察到美國人良好的公共秩序，並欣賞他們自動內發的生活規範、從容不迫的行事態度，於是修正了原有的認知。她因此深入思考：

> 兩百年的時間，加上殖民地時期的苦幹，也足以造成這一種獨特的傳統。這傳統，勤勞向上，守法守禮，獨立自制，互助互敬；這一切，都是美國之能夠富強的根基。但以後會不會還這樣呢？能否保持這傳統呢？他們這一代的青年是靠了根深蒂固的美國傳統教育而

〔註14〕林非編《百年遊記》（台北：立緒，2003 年），頁 9。
〔註15〕羅蘭《訪美散記》（台北：現代關係，1972 年），頁 55。

有秩序、而從容、而安詳；但他們下一代將如何呢？〔註16〕

除了欽佩美國的進步發展之外，羅蘭也嘗試探討社會教育的發展，因為這一份議題緊扣住美國青年的未來。關心青年發展的羅蘭，除了將美國的這份隱憂提供給台灣讀者作為借鑑外，她提出的這些無國界公共議題，也使得她的遊記更具時代意義。

此外，走在曼哈頓時尚的街道上，處處熙來攘往，她看見了時代廣場永不歇止的人聲鼎沸、櫛比鱗次的高樓大廈、壯觀宏偉的遊橋建築……，「繁華」、「喧鬧」、「高大」、「緊密」是二十世紀先進都會的一貫寫照，這些場景讓她有步行在台北街頭的錯覺，因為「都會叢林」的景觀已經成為七〇年代城市特色的重要指標。

在這些體驗之下，她更擴大視野，反思「世界第一強國」的內涵。美國地大物博，在前人的拓荒開墾之下，已成為人才濟濟的文化帝國，無論在民主政治、社會福利、或是教育體制上，一向都是台灣所崇尚學習的標竿，但是羅蘭置身其中時，卻對所謂的「進步」有感而發：

> 「進步」的另一意義是對生存能力嚴格的要求，與更殘忍的淘汰。
> 世界越進步，所需藉以生存的本領就越多，遭受淘汰的可能就越大。現代人的「知識狂」是激烈生存競爭下，所形成的一種無止境而可怕的追逐。〔註17〕

二十世紀的旅人在世界旅行時，途中所見所聞已不只是山水景觀、樓台庭園了，在變動的環境中，他們甚至要面對文明所帶來的各種課題，羅蘭的問題意識也反映了她心中秉持的人文省思與關懷。

1979 年，羅蘭展開她第二次的美國旅行，這一次的旅行少了工作考察的重擔，她得以更自在地觀察當地生活的概況。美國的文化深深影響了世界各地，包含食、衣、住、行等。在這次旅行中，她對於美式生活有著深刻的體會。在飲食部分，羅蘭認為：「單拿吃飯來說，實在是我這從『開發中國家』來的人覺得氣惱。」〔註18〕原來是美式速食文化讓她大嘆吃不消，而美式服飾風格也非羅蘭所喜，美國女性以實用性為主的「厚底粗跟鞋」就被羅蘭戲稱為「笨鞋」，不僅不夠靈巧、也稍欠時尚感。

〔註16〕羅蘭《訪美散記》（台北：現代關係，1972 年），頁 33。
〔註17〕羅蘭《訪美散記》（台北：現代關係，1972 年），頁 105。
〔註18〕羅蘭《獨遊小記》（台北：九歌，1981 年），頁 57。

　　由於羅蘭借宿在許多華裔友人家中，於是有機會觀察美式住宅設計，她發現美式住家往往是將廚房當作家居動線的中心，與中國人傳統設計中的客廳本位不同；在交通部分，由於美國幅員廣大，在美國生活必須時時倚賴汽車，對通勤者而言，往返兩地之間耗費兩、三小時是家常便飯，因此長時間的車程就讓羅蘭不堪其憂。

　　雖然美國貴為世界第一強國，但那種高壓力、高效率的生活，對羅蘭來說，實在不符合人類本性。這一切的快速感，就如同紐約地鐵四通八達的交通網絡，澳洲藝術史學家 Sue Best（貝絲特）曾說：「紐約，『二十世紀的首都』，不那麼隨和友善，提供了講求速度的二十世紀浪漫風格。」〔註19〕羅蘭在第二度赴美時，則是以過客的心情，旁觀美國生活各層面，她看到了這國家及城市進步、向上的精神，也看到了破壞與毀滅相伴而生的危機。

　　任何一趟旅行，旅行者必然帶著自己的文化背景與異地互動，羅蘭常常在旅行途中，不時地想起心中那遙遠的家鄉。當她造訪音樂之都維也納時，走在充滿濃厚城市風情的街道上，詩情畫意的氛圍使她回憶起年少光陰；悠閒的心情與謐靜的景色，也引發她思念故國家園的情緒：

> 我說那條路有親切感，是因為它是那麼讓我想到天津。這次所到的許多西方國家中有很多地方讓我想起天津，是因為它們的情調，經由租界散播到諸國大陸的幾個城市。租界本是恥辱的印記，但它卻使我們有機會不出國而認識西方的風貌。天津租界——特別是英、義租界裡，秀麗的小洋房，整齊的行道樹，寬闊平坦的街道，以及街道兩旁西式的店鋪，都充滿著異國情調。沒想到多年之後的今天，親到歐洲，在真正異國的街道上卻喚出了熟悉與親切的故國溫情。〔註20〕

姚同發在《解讀羅蘭‧天津中國魂》提到：「天津又是羅蘭創作的沃土，她的作品大多是以天津為背景展開的。」〔註21〕維也納這一個音樂古都使羅蘭回

〔註19〕轉引自 Linda McDowell 著，徐苔玲、王志弘譯《性別、認同與地方——女性主義地理學概說》（台北：群學，2006 年），頁 90。
〔註20〕羅蘭《訪美散記》（台北：現代關係，1972 年），頁 193。
〔註21〕姚同發《解讀羅蘭‧天津中國魂》（深圳：海天，1997 年），頁 5。此外，在《歲月沉沙第三部：風雨歸舟》中羅蘭自言：「天津，並不是我的家鄉，但事實上，再沒有另外一個地方，比它更是我的家鄉。儘管那裡並沒有一個住處真正屬於我，但它卻寫滿我全部人生中最難忘的歲月。我在天津讀書，在天津做事，在天津做難民，在天津過我華麗又青春的日子，也在天津品嚐各樣

憶起年少時期走在天津故鄉的感受，並進而聯想到中國在歐美列強入侵之後，西方國家在十九世紀占據中國、畫地割據的歷史。當時西方國家在租界留下了充滿異國風味的建築物，成為羅蘭記憶中的一部分，在異國遭逢與故鄉相似的場景時，旅人就會連結起特殊的記憶與經驗，正如人文地理學者Tim Creswell（提姆‧克雷斯威爾）所說：「地方遠非只是世界裡的一件事物，它也架構了我們看待和認識世界的方式。」〔註22〕

對羅蘭而言，台灣有她依戀的家庭與親人，中國是則她最初的故鄉，即便已經跨越了半個地球置身海外，羅蘭總還是會因為這一份悠悠的詩意與情境，遙想起古老的中國。是故，跨越地理疆界的旅人往往能夠「兩腳踏東西文化」，〔註23〕來觀看不同國家在世界上的立身之道。美國崇尚物力、開拓荒土的精神，以及朝氣蓬勃的生活態度，都是羅蘭推崇的，藉由觀察他國發展概況，她也更加體認到中國文化的長處：

> 我們（中國人）卻是生於斯（大自然）、長於斯，自己與土地有親切的血源關係。……因此，我們對它尊敬、崇慕、拜服、讚譽，因而產生了奉自然為宗教的道家思想；產生了奉祖先為神祇的儒家思想。……這份對大地與自然的崇慕與禮讚，表現在我們的詩、畫、以至於音樂裡，成為我們文學及藝術的一個最大的特色。〔註24〕

最後，在羅蘭遊記中，她不只是書寫對歐美的視覺印象，還進一步提到中西之間哲學底蘊的不同；而羅蘭也在旅行過程中，嘗試將中國哲學引介給美國青年，鼓勵他們學習老、莊思想。在性別與文化的關係上，男性往往善於藉由公務政治來形塑霸權，〔註25〕女性則比男性更能用「軟實力」來對待異己。因此羅蘭的作品中，她運用哲學思想連結「我者」與「異己」的關係，徹底

的離別。」（台北：聯經，1995 年），頁 133。

〔註 22〕 Tim Creswell 著，徐苔玲、王志弘譯《地方：記憶、想像與認同》（台北：群學，2006 年），頁 177。

〔註 23〕 語出林語堂（1895～1976）《信仰之旅》之對聯：「兩腳踏東西文化，一心評宇宙文章。」

〔註 24〕 羅蘭《訪美散記》（台北：現代關係，1972 年），頁 121。

〔註 25〕 「霸權」乃是深刻織縫在日常生活紋理當中的，透過教育和宣傳，它不只是會使人們在意識型態的呼籲和召喚（interpellation）中，把許多主流文化的假定、信仰和態度視為理所當然，它也同時超越於所謂的政治經濟體制（如國家或市場）之外，在常民生活中形成微妙且無所不包的力量。見廖炳惠《關鍵字 200：文學與批評研究的通用辭彙編》（台北：麥田，2003 年），頁 130。

地發揮了「人文式遊記」的精神。研究羅蘭散文的余恆慧也認爲：

> 羅蘭「旅遊見聞」類型的散文，突破了一般傳統的模式，不再以自
> 然景觀的靜態描述爲主，而是突顯了人文精神的探求，不是浮光掠
> 影的介紹，而是一個思考成熟的文化人借鑑「先進經驗」、開拓文化
> 觀照視野之旅，深入其中思考其社會現象背後的成因。〔註 26〕

遊記雖不能完全反映客觀事實，然而讀者確實可藉由羅蘭觀看到的中國傳
統、西方生活，反省各自的利弊得失，並且延伸對世界的想像。

三、遷徙世紀：觀看海外華人

　　由於擔任廣播主持人的原因，羅蘭本身的親和力十足，因此在不同領域
皆有好人緣，在 1979 年她出發到美國半自助旅行，便是以「拜訪朋友」爲主
軸。藉由這些客居異地的友人身上，羅蘭觀察到七○年代海外華人的眞實生
活，在遊記中展演出華人世界不同的生活情境。

　　1970 年羅蘭第一次赴美旅行時，她就敏銳地感受到「在美國內看美國，
和我們這裡憑一些美國籍僑民看美國，所得印象頗有差異。」〔註 27〕當旅人
初次走入異國情境中，他們對於四周環境的觀察特別敏銳。首先，他們關注
到與母國不同的自然景觀，以及物質世界的差異；接著是當地居民的生活氣
質與文化習慣。當羅蘭首度前往歐美時，對於飄落的楓紅、路邊雄偉的建築
無不驚嘆連連，並對旅行的過程細細檢索；至於在第二度赴美旅行之際，她
所書寫的內容就擴增了觀察的範疇，將視角轉移到居民的日常生活。

　　在這些訪美的旅程之中，羅蘭見到了沉櫻、哥倫比亞大學教授雲夢女士
等好友，〔註 28〕記錄了海外女作家的交誼與生活情況；除此之外，她也書寫
了海外華人眾生相，他們離開中國家鄉前往美國打拚，有的成爲出人頭地的
社會菁英，也有尚在徬徨無助的失意人士；他們都經歷了許多適應的過程，
而渴望在美國落地生根。而他們的悲喜聚散，彷彿展示了一卷歷史的滄桑故

〔註 26〕　余恆慧《羅蘭散文研究》（台北市立教育大學中國語文學研究所碩士論文，2008
　　　　年），頁 108。
〔註 27〕　羅蘭《訪美散記》（台北：現代關係，1972 年），頁 3。
〔註 28〕　本名陳煐（1907～1988），曾任上海復旦大學教授，於 1949 年來台，任職北
　　　　一女中，1973 年退休後定居美國。除了是一名女性作家，又身兼翻譯家，尤
　　　　其翻譯許多世界著名作家頗受好評，如毛姆、赫曼・赫塞、屠格涅夫、左拉
　　　　等。

事，呈現出二十世紀華人的流離。

　　另外，無論是在洛杉磯、舊金山、紐約……等，任一美國大都會都有華人的身影。最令羅蘭驚異的是，她的這些「中國朋友」們竟然是「那麼中國」，無論是在教育、思想、生活習慣上，都對於中華文化的保存不遺餘力，他們的日常生活也沒有如羅蘭想像中的西化：

> 他們吃中國飯，說中國話，用中國方式教育子女，家中掛中國字畫，
> 用中國器皿，一切都比國內同胞更崇尚中國。〔註29〕

因為這些海外華人無法實際回到中國，只好在家中泡中國茶、掛中國字畫，使自己時時刻刻想像中國，並藉此重塑家鄉符碼。在海外華人的家中，這些充滿中國象徵的器物產生了一股鎮定心靈的能量，讓他們在外辛勤奮鬥後，回到家中彷彿就能夠重新得到家鄉的撫慰，不至於「無家可歸」，就如同法國哲學家 Gaston Bachelard（加斯東・巴舍拉，1884～1962）所說的：「房舍是整合人類思想記憶和夢想的最偉大力量之一……。沒有了它，人只不過是個離散的存在。」〔註30〕

　　「全球化」〔註31〕現象雖然並非是二十世紀的專有名詞，「全球化」的定義也一直處於自由、彈性的狀態之中，但伴隨著世界上愈來愈多人口的遷徙，「人」的影響對於任何一地造成的作用都愈來愈深刻，世界上高度開發的區域尤其如此。因此在歐美地區，常常可以看到不同國家、種族、宗教類別的人們所形塑的特殊地景，他們群聚一起時，常常有意或無意地複製自己原本所熟悉的生活慣性。羅蘭在紐約時，感受特別明顯：

> 在紐約，我置身在吃中國飯、說中國話、跑唐人街的同胞群中，時常忘了身在異國。這些朋友似乎也沒有身在異國之感。她們天天搭地下車去上班，搭地下車回來，和中國朋友一起吃飯聊天，週末假日和朋友一起去看電影、逛唐人街。〔註32〕

〔註29〕羅蘭《遊美小記》（台北：現代，1972年），頁36。

〔註30〕轉引自 Linda McDowell 著，徐苔玲、王志弘譯《性別、認同與地方——女性主義地理學概說》（台北：群學，2006年），頁98～99。

〔註31〕廖炳惠：《關鍵字200：文學與批評研究的通用辭彙編》：「『全球化』這一詞彙，是晚近隨著族群、影像、科技、財經、意識形態等實體、象徵資本的流動，以及跨國的移動所形成的文化經濟現象。……『全球化』其實是和奴隸的販賣，或早期知識分子遊學旅行的行為有關。」（台北：麥田，2003年），頁125～126。

〔註32〕羅蘭《遊美小記》（台北，現代，1972年），頁61。

紐約是二十世紀的民族大熔爐，也是世界的縮影，所以羅蘭在紐約街道上，可以看到「四川館」、「江浙館」、「北方館」、「廣東館」……等，因此海外華人生活在陌生的環境中，隨時可以在飲食當中找到熟悉的家鄉味。

　　研究人文空間學的 Linda McDowel（琳達・麥道威爾，1962～）就認為「遷徙會導致緊抓著舊有的認同觀念不放，並且試圖拒絕新的經驗。」〔註33〕無論是海外華人家中常見的中國家具、或是唐人街、中國餐館，這些象徵中國的器具、地景，可說是另一種形式的翻譯，藉由再造的物象空間，羅蘭的遊記同時也訴說著 1949 年以降華人流離到美國群聚耕耘的故事。

　　從另一層面來看，羅蘭的旅程是短暫的「移動」，海外華人卻是常態的「定居」，在兩者的互動之間，可以觀看到華人在二十世紀不同的旅行狀態及生活文化，他們的移動方式不同，但是同樣都有著遠走家國的離散記憶，於是古老的中國文化是他們冒險、尋夢與旅行的籌碼。羅蘭不只一次地說著：「誰說中國人安土重遷？這一代的中國人是在大遷徙呢！三十多年前，我飄洋過海到台灣，老同事們也是。大家從各個不同的方向，帶著不同的心情，離開故土。有人是為了理想，有人是為了生活，有人是為了尋夢。」〔註34〕

　　中國的歷史上有幾度人口大遷徙的經驗，而這些遷徙的原因不是因為開疆闢土，而是被迫逃離家園；但對羅蘭來說，無論是 1949 年離鄉赴台，或是七〇年代出國遠遊，都是轉化自我的契機，她的性格平和樂觀，往往能將漂泊的心情投射到更深刻的文化情懷中，面對人生境遇坦然以待：

> 現代流浪的中國人，可不都是「夕陽山外山，春水渡旁渡」的尋尋
> 覓覓，千山萬水走遍之後，卻到一個從來也未曾想到過的地方來落
> 戶。〔註35〕

羅蘭經歷了許多苦難動盪、人事變化，她在旅行中想起中國人的流離，但是她卻懂得化解這一份缺憾，因為她認為人自出生至死亡，就是一場在人世間奔走的旅程，只要學習欣賞正向的事物、轉換心境，就可以時時用豁達的心胸來看待環境的變遷。

　　「旅行」和「流離」的差異，在於如何看待自己的移動、以及如何看待

〔註33〕Linda McDowell 著，徐苔玲、王志弘譯《性別、認同與地方——女性主義地
　　　　理學概說》（台北：群學，2006 年），頁 220。
〔註34〕羅蘭《獨遊小記》（台北：九歌，1981 年），頁 191。
〔註35〕羅蘭《獨遊小記》（台北：九歌，1981 年），頁 183。

他者文化。旅行中的各種觀察是一雙敏銳的帝國之眼，〔註 36〕旅人會產生與居民不同的解讀方式；因此，旅行可以是一股潛移默化的力量，藉由遠離熟悉、接觸差異的種種過程，形塑了羅蘭獨特的旅行觀，愛好旅行的她，喜愛用雙腳步行到任何目的地，單純享受行走的自在與逍遙，她雖然也懷抱著對中國的忻慕情懷，可是卻更有「四海之內皆朋友」的廣闊胸襟；此外，她更懂得享受孤獨，因為「可以偶爾脫離軌道，奔往異鄉異地，用全新又全然孤絕的自己去接納全新與全然不必顧慮過去與將來的孤立的個體。」〔註 37〕於是她把握旅行的每一個當下，珍惜許多萍水相逢的緣分，惟有在旅行途中懷抱著對萬事萬物的好奇，才能使自己享受單獨旅行的樂趣。

　　Edward Said（愛德華・薩依德，1935～2003）認為，即使一個人不是真正的移民或流放者，也可能具備移民或流放者的思考模式，可能跨越藩籬來想像、探究，而且遠離權力中心，身處邊緣。「在邊緣，你會見到常人所不能見──那些從未跨越成規、在安逸狀態下過日子的常人。」〔註 38〕但無論是在美華人、或是羅蘭本身，他們移動的動機、歷程不同，觀看的角度也就有所差異，二十世紀的中國，是外散移動的，在羅蘭遊記中，可以看到在這些移動的主體背後永遠不變的哲學傳統與文化想像，讓他們懷鄉的時候可以隨時依附、指認，成為歸屬的座標。

第三節　旅行・繪畫・文字：梁丹丰的藝術壯遊〔註 39〕

一、彩筆下的天涯海角

　　女性如何透過實際的行動，將個人的生命理想淋漓盡致地呈現？女性如何學習堅持自我，直至社會給予肯定的力量？台灣在七、八〇年代之後，因

〔註 36〕Mary Louise Pratt（瑪麗露易絲・普瑞特，1866～1933）的作品《Imperial Eyes》，譯名為「帝國之眼」，本書檢視了旅行書寫作為帝國意識型態機器一環的角色。台灣大學中國文學研究所尤靜嫻曾以之作為論文題目──《帝國之眼：晚清旅美遊記研究（1840～1911）》。

〔註 37〕羅蘭《獨遊小記》（台北：九歌，1981 年），頁 165。

〔註 38〕轉引自王德威、陳思和、許子東編《一九四九以後》（香港：Oxford University Press，2010 年），頁 330。

〔註 39〕「壯遊」（Grand Tour）一詞來自於歐洲，是指自文藝復興時期以後，歐洲貴族子弟進行的一種歐洲傳統的旅行，後來也擴展到中歐、義大利、西班牙富有的平民階層。壯遊尤其盛行於 18 世紀的英國，並留下了豐富的文字記述。

工商發展，社會開放多元，是故漸漸重視「女性成長」、「女性成就」等相關
議題。

　　美籍華裔藝術家陸蓉之在女性的自覺意識上有獨到的見解，她認為七○
年代的台灣有著以下風潮：

> 充滿了懷舊的情緒，也是鄉土主義崛起的年代。然而此時西方女性
> 主義戰況激烈，不只在紙上談兵，而是付諸具體行動的街頭運動、
> 結社組織，成千上萬的女人走出家庭，全力向數百年男性在上的父
> 權傳統進行抗爭，從法律層面尋求男女平權的保障。西方女性運動
> 的結果，導致女性藝術家獲得較多的展出機會、從事教職和藝術行
> 政工作。這一波革命性質的女性主義，也同時促成另一種相對男性
> 的思考模式，對文化評論、文學、藝術和歷史領域的撰寫、整合、
> 編錄，產生影響至為深遠的劃時代貢獻。〔註40〕

女性在不同領域中漸漸嶄露頭角，揮灑自我：有的展現領導才華、為民喉
舌；有的走向社會、掌握法政；在文藝圈中，作家執筆為文，寫出當代社會；
畫家運用獨到眼光與技法呈現世界萬象；而梁丹丰用一顆探索世界的審美心
靈結合文學、繪畫二項藝術，成為七○年代展開壯遊的女作家。

　　「壯遊」乃源自於歐洲青年的成年禮活動，當時勤奮的觀察者游歷外
域，向未有機會出遊的人報告遊歷見聞；楊牧在《一首詩的完成中》提到他
心目中「壯遊」的意義：

> 以最大的敏感去體驗所有的色彩與聲音，人的容貌，文化的行跡，
> 和大自然擁有的一切。那是我們積極的投入參與，那是一種挑戰，
> 而不只是奢侈的觀光旅行。〔註41〕

在 1979 年台灣開放觀光之前，部分學者、專家只能以考察之名出國，何況女
性在社會上原以社經地位未足男性，在家庭中也往往以經營家務為主，女性
隻身一人前往各地旅行便須跨越種種障礙。

　　在當時的社會背景下，梁丹丰的旅行有諸多獨特之處：在旅行地點上，
她往往造訪奇山異水；在旅行過程中，也努力突破許多官方限制才得以圓
夢；在出版形式上，亦是多所創新。當時原本以建築作為出版主軸的「北屋

〔註40〕陸蓉之〈台灣當代女性藝術家創作風格分析〉「你好，台灣」（2007 年 12 月
　　　　26 日），取自 http://www.hellotw.com/zt1/ztfl/jlzt/twhlzbj/twzjjd/200712/t200712
　　　　26_317753.htm。
〔註41〕楊牧《一首詩的完成》（台北：洪範，1989 年），頁 54。

生活叢書」便破例爲梁丹丰發行「三度孤征」系列：其中第一度孤征是《佐渡島記遊》，內容搭配以 27 篇散文、32 幅手繪圖畫；第二度孤征《北極圈之旅》則有 16 篇散文、38 幅圖畫，第三度孤征改由「快樂畫會」出版《約旦之旅》。這些作品都是以圖文搭配的形式出版，將梁丹丰的畫作藝術與旅行心得公諸於世，她的出遊不僅是女性追求成長的典範，也是女性獨立自助旅行的先鋒。

　　自 1956 年始，梁丹丰就嘗試在海外舉辦畫展，1975 年出版的《畫迹屐痕》是完整記錄繪畫與旅行歷程的第一本書。她自言是「持著長期火車月票」的一個「東方女子」，在 Edward Said（愛德華・薩依德，1935～2003）於 1978 年發表的「東方想像」〔註 42〕蔚爲全球熱潮的七〇年代前，她便隻身前往許多陌生的異域作畫，用一身旗袍裝扮，穿梭在「東方」與「西方」之間。她想作爲一個台灣的女性先鋒，試探一個東方女子的極限何在；繪畫展現她心覺直觀的世界，文字則記錄了繪畫過程遭遇的故事。繪畫永遠有一種引領的作用，繪畫者可以製造藝術的想像，來勾勒他人所感受不到的現象性質，藝術家能夠畫出世界的一部分，並且最終使其他人的眼界因而大開。〔註 43〕

　　人們能夠理解文學的內涵，是因爲透過修辭的手法來了解作者傳達的訊息；而梁丹丰的作品往往是繪畫結合文字，她運用各種技法，將所見到的世界鎔鑄於文字之中。首先在角度的掌握上，她善於掌握景物的客觀樣貌，刻劃出眞實見聞，如北歐旅行中，她在挪威奧斯陸看見冰雪的奇特景觀：

> 兩尺厚的大冰磚，在河流中推移，冰磚側面的尖銳稜角，露出翡翠綠的可愛顏色。〔註 44〕

由於是職業畫家之故，梁丹丰對於色彩的敏銳度以及光影的分布也會格外留心。在現代化建築櫛比鱗次的雅典城中，她特別關注環境的美感氛圍，如描寫地中海沿岸時，便刻意強化其鮮艷的色澤：

> 雅典的陽光特別強，晴空特別藍，入暮，金黃色的燈光更令人目爲之炫，沒有人能逃開這些光輝的引力，一連兩晚，我都凝望光的姿

〔註 42〕「東方想像」、「東方主義」是 Edward W. Said（薩依德，1935～2003）在 1978 年提出之人類學重要觀念，也是後殖民研究中的經典理論，主要是有關歐美如何看待東方世界的研究。

〔註 43〕Alain de Botton 著，南治國、彭俊豪、何世原譯《旅行的藝術》（上海：上海世紀，2010 年），頁 179。

〔註 44〕梁丹丰《北極圈之旅》（台北：北屋，1977 年），頁 52。

彩、光的神韻，彷彿來到一個遠離黑暗的光暉之國，漸漸的，雅典的輝煌歷史形成一個美的耀目光暈，和我一夕凝視的光芒合而爲一……〔註45〕

鄭明娳認爲：「描寫視角與手法的巧於配合，將使散文描寫益上層樓。描寫僅有空間，缺少時間，受限頗大；可是經過視角及手法的轉換，景物的光彩也會轉變、人物思想行爲有不同的面貌、事件的發生會有不同的詮釋。」〔註46〕畫家與作家觀察外物的角度原本就會有所不同，因此以往遊記作家多半將重心置放在人文遺產、地景風光，而梁丹丰運用繪畫的技法與視角，掌握空間的美感距離，透過文字與繪畫之搭配，引領讀者進入旅行的想像中。

　　因此梁丹丰運用了適宜於各地自然特色的筆法，呈現近焦、或是遠距的美感書寫，除了運用文字塑造出立體的想像空間外，圖畫的結構有助於讀者在閱覽時進行靜態的觀光凝視。〔註47〕她的遊記內容不僅插畫與文字相得益彰，也開啓了繪本遊記的先例。陳室如認爲：「把對宇宙、人生的認識及個人遭遇的情感融入山水描寫中，可以說是中國古代山水遊記的久遠傳統，旅人在觀山覽水之間，將自己的人生感慨融入其中，在描寫自然時融情入景，藉景抒懷，追求景與情、境與我、自然與人生的融通合一。」〔註48〕1949 年以降，遊記作者習慣大量書寫異域的人文風景，而梁丹丰的遊記固然會適度地書寫文化現象，但她卻能獨樹一幟，憑藉過人的意志和努力，重新將旅行的焦點聚集於自然天地，在傳統山水遊記的脈絡中，敷抹一筆女性的多姿色彩。

二、探索女性疆界

　　如果說藝術是一種追求極限的挑戰，在梁丹丰的遊記中，就可以見到她爲了達成目標而努力的堅定意志。她挑戰了不同國家的入境限制，也克服許多生理狀況的不適，從攝氏 40 度的中東約旦、到零下 40 度的北極地帶，都

〔註45〕梁丹丰《畫迹屐痕》（台北：水芙蓉，1975 年），頁 138。
〔註46〕鄭明娳《現代散文構成論》（台北：大安，2007 年），頁 284。
〔註47〕所謂的「靜態觀光凝視」是以景觀的二度空間特色（像是形狀、顏色以極細微之處）爲主，而且，這類的畫面通常是攤平擺在我們面前，也可以隨著我們的眼睛而移動。而「流動性畫面」（mobility of vision）則是指一幕幕的全景（panorama）從眼前飛快掠過，此處則由 Schivelbluch 提出。見《Imperial Eye》（London: Routledge，1992 年），頁 222。
〔註48〕陳室如《近代域外遊記研究》（台北：文津，2008 年），頁 93。

有她作畫的足跡；她用雙腳步行過北歐的雪地，搭乘鐵路穿越歐洲大陸，征服了許多人眼中的不可能。因此梁丹丰除了跨越國家疆界，更延展了女性隻身旅行的範圍。

在五、六○年代書寫域外遊記的女作家，大多是因為跟隨丈夫、或自身工作需要而出國旅行，梁丹丰是第一位視旅行為實踐人生理想的女性。她認為真正的藝術須透過旅行才能發揮盡致，藉由旅行，心靈能夠獲得成長；藉由書寫，藝術才會更加完整，她成功地結合旅行與藝術，成為兼具兩者之長、又走過不同奇景異地的旅人。

梁丹丰的旅行經驗相當豐富，她甚至曾在天寒地凍之際前往北極圈；她自言旅行的目的是想解答自己心中的困惑：

> 一個於今生活在溫暖亞熱帶的人，心中深切的盼望，是如何從安適
> 的巢臼中跳出來？如何不被無聲的似水流年所拋棄？〔註49〕

梁丹丰在零下四十度的異鄉中，拿出凍結的畫筆、移動緩遲的步履，為了自己的信念而完成此項「壯舉」。她不滿足於自身的安逸處境，也不耽溺於美好的家庭生活，因此梁丹丰的旅行可說是一場挑戰自我的任務。

當女性受到適度的教育，接受思想的洗禮之後，也會在社會上漸漸取得自己的身分地位，加入「知識分子」的行列。《知識分子論》中提到：知識分子天生就是「走向邊緣的人」，他們的狀態就是「從壓力中尋找相對的獨立」，他們對任何事情都不認為理所當然，〔註50〕不僅讓自己從安穩的社會中抽離出來，使自己邊緣化，不接受習慣文化的制約，因此才會挑戰多數人不曾意識到的思考與生活。鐘玲認為二十世紀最大的特色之一，就是女性在文學上的質與量不斷提升，考察其原因，便在於女性的成長：

> 這個當然是跟現在文明有關，女性受教育的機會多了，社會地位比
> 較被認可，而男女平等的概念比較普及，還有一夫一妻制等等，這
> 些都造成女性的地位在二十世紀直線上升。〔註51〕

能夠擺脫原有生活圈中的安適與慣性，用自己的方式來認識環境，是七○年代女性的特質之一。梁丹丰之所以獨特，在於她除了跨越「地理距離」，也跨越了看不見的「歷史鴻溝」。近代中國與日本之間有著難以解脫的牢結，《佐

〔註49〕梁丹丰《畫遊隨筆》（台北：光復，1987 年），頁 207。
〔註50〕Edward W. Said 著，單德興譯《知識分子論》（台北：麥田 1997 年），頁 97。
〔註51〕王德威、陳思和、許子東主編《一九四九以後》〈我看當代文學六十年圓桌論壇（二）〉（香港：Oxford University Press，2010 年），頁 458。

渡島記遊》序文中她曾誠實告解：

> 老實說，我對日本懷有「成見」，理由很簡當，我是在抗戰期間度過
> 童年的，不但飽嘗顛沛流離之苦，也是目睹日軍暴行的證人之一，
> 在我幼小心靈中，留下難以磨滅的印象。〔註52〕

在某一屆亞洲博物館會議中，身為博物館館長的伊藤先生邀約梁丹丰到日本
參訪，原本對日本充滿偏見的梁丹丰，卻在這次旅程之中大為改觀。她欣
賞了日本的自然風光，體驗了鄉間的純樸，更重要的是獲得了日本友人的
真摯情誼，所以當她最後滿載著豐富的收穫返回台灣時，便得到一種全新的
啟示：

> 我覺得過去的已成為歷史，分析歷史事件必須把「政權」和「沉默
> 的大多數」分開。〔註53〕

從旅行之中，她藉由實際與日本百姓的互動，發現自己竟可以跳脫既定框
架，重新思考人與人的關係，因此旅行會改變人們原本的刻版印象與認知。
梁丹丰便是如此勇敢又幸運的女性，不僅學習用自己的眼光來看待世界，她
的智慧更透過旅行而歷練出與一般家庭婦女迥然相異的深度。

　　在梁丹丰的旅行經驗中，最令她難忘的莫過於親眼目睹北極圈的「極
光」，極光是世界的奇景之一，是地球周圍的一種大規模放電的過程，來自太
陽的帶電粒子與大氣中的原子和分子碰撞並激發產生光芒。她驕傲地說：「只
有我這樣一個滿懷奇想，追求奇觀的畫人，才會遇上這個機會。」〔註54〕在
梁丹丰之前，尚無其他女性寫到這類異域的奇幻景色。回溯五、六〇年代女
作家遊記，她們書寫的主題多半是人文思考與憂患意識，是故透過梁丹丰的
藝術慧眼，她的遊記與畫作提供讀者更廣闊的想像空間：

> 我一直在想，如果說人生是逆旅，我這旅行者卻得天獨厚，在這短
> 暫的挪威之行中，我已看到難得一見的北極光，再加上變化萬端
> 的穹蒼，艷色紛陳的海水、雪原、冰峽，都是前所未見，也可以
> 說難以想像的奇景妙色……但願我的記錄——包括寫的和畫的，能
> 夠保存我那些珍貴的領會，和許多瞬間在內心中所掀起的漣漪……
> 〔註55〕

〔註52〕梁丹丰《佐渡島記遊》（台北：北屋，1977年），頁10。
〔註53〕梁丹丰《佐渡島記遊》（台北：北屋，1977年），頁11。
〔註54〕梁丹丰《北極圈之旅》（台北：北屋，1977年），頁105。
〔註55〕梁丹丰《北極圈之旅》（台北：北屋，1977年），頁114。

當代英國哲學家 Alain de Botton（艾倫‧狄波頓，1969～）認爲人們之所以重視域外的風情與特質，不僅僅是因爲它們新奇，而且還因爲它們更符合我們的個性，更能滿足我們的思想，我們在異域發現的異國情調，可能是我們在本國苦求不得的東西。〔註56〕梁丹丰挑戰不同國家，不僅僅是爲了行遍天下，在觀覽異國風光的同時，她也在汲取藝術表現的更多可能性，這些內容或許正是中國文化傳統中所欠缺的本質。

因此在她的遊記中，也反映她勇於挑戰的個性，讓台灣文藝創作表現出更多元的世界觀。這些旅程，都是梁丹丰克服語言隔閡、交通問題、以及惡劣氣候而得，唯有行人之所罕行，方能夠見人之所未見。梁丹丰挑戰的不只是客觀地理的疆界，她必須一次又一次地克服心中的畏懼，和自己的心靈對話，才能得到豐碩的成果。

三、記憶彼岸：尋找印象家園

「家國」是旅人行走到遠方的憑藉，旅人因爲有生根之處，才能夠隨時指認返家的方向，「行者常至，求則得之」是她奉行的人生哲學，行走之中，她常常會去思考自身的處境，見過愈多世界，對傳統文化、對故鄉點滴的懷念也愈深。

梁丹丰十三歲來台，她的童年雖因戰爭四處奔波，渴望驛動的因子並沒有因爲建立了美滿的家庭生活而停止，在她三十七歲那一年，立志要環遊世界各地，她認爲只有遠離熟悉的生活、實踐人生的理想，才是短暫生命中最值得追求的事情，因此在旅行過程中，除了忙於作畫外，她常常有機會獨處，也開始思考自己與家國的連結：

> 幼年時適逢抗戰，輾轉大西南，走了半個中國，當時苦不堪言，但是因而有這樣的奔波，使我認識祖國的壯麗河山，使我自感充實豐富，更重要的，是因而促使我從小就對多難的國家在感情上生根，所以現在儘管我旅遊世界，也目睹諸般美景，不但無法產生羨慕之意，我所牽掛的，使我爲之魂牽夢縈的反而唯有我的「國」，我的「家」，還有什麼比這些更重要呢？〔註57〕

梁丹丰在異國作畫時，常穿著一襲旗袍，展示中國文化的傳統，並且不忘

〔註56〕Alain de Botton 著，南治國、彭俊豪、何世原譯《旅行的藝術》（上海：上海世紀，2010 年），頁 72～73。

〔註57〕梁丹丰《畫遊隨筆》（台北：光復，1987 年），頁 156。

表達自己是來自「自由中國」的旅人。郭少棠在《旅行：跨文化想像》中提到：

> 旅行中的人總是不斷地進行文化認證的過程，一方面，行遊者總是
> 面對著自己不熟悉的文化，要求自己作出判斷、作出選擇；另一方
> 面，他者的文化又總是牽引他們回到自己的文化，要求他們對自己
> 的文化作出比較、作出判斷。〔註58〕

長年作客異鄉的梁丹丰，心中有一股強烈的文化使命感，這份使命感使她忽視一切惡劣的氣候、地勢以及物質生活，不斷絞盡心力寫生、創作。張家琳分析梁丹丰的國族情結時提到：

> 梁丹丰對自己族群身分歸屬的不確定性，早有敏銳的反思。童年的
> 記憶和孺慕之情揉合成酸辛的成長滋味，但是她並不刻意渲染這大
> 時代的鄉愁。〔註59〕

王明珂也認為：

> 體質與文化特徵並不是定義一個人群的客觀條件，而是人群用來表
> 現主觀族群認同的工具。而且，在一個族群中，往往不是所有的人
> 都有需要來利用這些「工具」；需要強調文化特徵的人，常是有族群
> 認同危機的人。〔註60〕

因此梁丹丰一面藉由傳統服飾強化自己的家國認同，再不斷地走向世界，表達自我存在與家國認同。

在旅行過程中，除了對家國的溫習、懷念之外，她也嘗試挖掘自己的身世記憶，並藉由「冰」與「雪」的記憶來懷念父親。《畫迹屐痕》中提到：

> 冰、雪，只在我回憶中存在，在台灣的四分之一世紀，雖然也曾一
> 瞥陽明山的雪、玉山極峰的雪、合歡山巔的雪，但總和我記憶中的
> 雪不同，沒有那麼遼闊，沒有那麼悲涼，也許因為拉著我在雪中夜
> 行的人——我的父親已經逝世十年，而踏過的那些為雪覆蓋的故鄉
> 泥土，睽別已久，一切有如隔世……我決心尋找記憶中的冰雪，紀
> 念父親溫暖的手，我要用畫筆繪出夢境，三度孤征，我發狂的尋找
> 雪，在瑞士、德國、奧國、比利時、荷蘭，每一個飄雪的日子，我

〔註58〕郭少棠《旅行：跨文化想像》（北京：北京大學，2005年），頁135。
〔註59〕張家琳《梁丹丰散文研究》（銘傳大學應用中國文學研究所在職專班碩士論文，2008年），頁190。
〔註60〕王明珂《華夏邊緣——歷史記憶與族群認同》（台北：允晨，1997年），頁35。

都會登山臨水，希望找到近似夢中到過的地方。〔註61〕

梁丹丰的父親梁鼎銘是影響她走上畫家之路的推手，父親曾鼓勵她「繪畫是複雜、多元的生命元素，讓你直接進入人生百態，而不同山水就是不同生命。」〔註62〕因此梁丹丰才鼓起了勇氣，走訪世界各地，實現四處作畫、介紹中華藝術的夢想。在實現夢想的過程中，她透過尋找冰雪，一面繪畫、一面緬懷父親，不僅豐富了自己的視野，也體現父親所說的生命百態。

父親的記憶雖隨著冰雪沉潛於梁丹丰的生命，而台灣這座島嶼上溫暖的氣候卻只有稀疏的冰雪，無法讓她重溫兒時舊夢，家國的印象隨著遷台日久而愈來愈模糊，是故，尋找遙遠的記憶成為她出發的潛在原因。在她畫筆下的異域山水，一面是世界各地的風景，一面也是梁丹丰追溯家園回憶的投影。傅立萃認為：

> 山水風景再現雖是自然，在很多情況下，它們更是一種文化實踐，
> 是社會和主體認同形成的過程，是作家個人或他所代表之階級或群
> 體的政治立場、經濟利益、文化認同論述的媒介。〔註63〕

是故，梁丹丰的旅行除了是發揚女性意識的方式，也是寄託家國印象的路徑，在這些豐富的創作中，讀者不僅可以從繪畫感受其美感眼光，更可從文字記錄中體會敏感的女性心靈。

第四節　他鄉・故鄉：三毛的追夢旅程

一、想像的真實，真實的想像

出生於重慶、成長於南京的三毛，原名陳懋平，出身於經濟優渥的大家族，她的祖父是白手起家的商人，父親是律師，〔註64〕在 1948 年遷移來台時只有六歲，在三毛的記憶中，中國人的大遷徙也是家族分崩離析的開始：

〔註61〕梁丹丰《畫迹屐痕》（台北：水芙蓉，1975 年），頁 10。

〔註62〕梁丹丰口述，轉引自張家琳《梁丹丰散文研究》（銘傳大學應用中國文學研究所在職專班碩士論文，2008 年），頁 64。

〔註63〕傅立萃〈實景山水與疆土論述──七○年代以前中國大陸與台灣的山水畫與政治意識〉，見《中華文化百年論文集》（台北：國立歷史博物館，1999 年），頁 96。

〔註64〕三毛曾提及祖父白手起家的過程及事業：「泰隆公司經售美孚煤油，祥泰行做木材生意，順和號銷啟新水泥，江南哪裡沒有他的大事業？」見三毛《流浪的終站》（台北：皇冠，2011 年），頁 69。

> 我們這個大家庭，是到了台灣，直到我已經念小學四年級時，才分
> 家的。其實那也談不上分家，祖宗的財產在大陸淪陷時，已經全部
> 流失。〔註65〕

即便如此，或許是年紀尚小，時代的動盪似乎在她身上看不到典型移民「國
破家亡」所烙印的傷痕。

　　從小在父母悉心呵護之下成長的她，有著異於凡俗的求學過程，三毛自
幼喜愛閱讀，然而體制內的學習卻總無法引起她的熱忱。在經濟成長、百業
漸繁的六、七○年代，正是三毛的少女時期，由於她的生活環境不虞匱乏、
兼以良師指導，〔註66〕得以閱讀大量古今中外的書籍，滿足對於學習的需求
及渴望，由於家庭給了她強而有力的依靠，因此在她二十幾歲時就有非常豐
富的國際交流體驗：1964 年到文化學院（今中國文化大學）哲學系學習後，
1967 年又赴西班牙馬德里文哲學院留學，接著前往德國歌德書院，後來還到
美國伊利諾大學法學圖書館工作，歐美文化的浸染讓她開拓了眼界。

　　從人文地理學的角度觀察，旅行本來就是人類較高層次的心理需求，是
人們在滿足吃、穿、住、行及安全感等多種基本需要之後才產生的；〔註67〕
三毛自幼在物質生活上不虞匱乏，但是她一向憧憬著鄉野式的自在生活：

> 可惜我的娘家在台北，住在一幢灰色的公寓裡，當然沒有什麼小
> 河，也沒有什麼大榕樹了。我所憧憬的鄉下娘家，除了那份悠閒平
> 和之外，自然也包括了對於生活全然釋放的渴望和嚮往。〔註68〕

這一個三毛心目中理想的生活，有自然的風光，也有悠閒的氛圍，她之所以
如此嚮往桃源境界，是來自心中對「野性」的嚮往，而非大時代帶來的不安
與困惑，因為 1949 年的動盪並未深植於她的成長記憶，三毛家人曾說：「小
姐姐一輩子流浪的過程中，或許都在尋找一份心裏的平安和篤定。」〔註69〕
另一方面，除了她本身的個性不隨流俗之外，父母提供給她的安定生活，也
是她無所顧忌出發的後盾之一。

　　至於促成三毛出發流浪的直接原因，其實是為了逃離台北──由於三毛

〔註65〕三毛《流浪的終站》（台北：皇冠，2010 年），頁 200。
〔註66〕1955 年的三毛正值初中階段，因不適應學校環境故在家中自學，由父母親自
　　　　教導，又跟隨顧福生、邵幼軒等二人習畫。
〔註67〕趙榮等編《人文地理學》《北京：高等教育，2006 年），頁 294。
〔註68〕三毛《流浪的終站》（台北：皇冠，2010 年），頁 77。
〔註69〕見〈三毛二三事〉，收於《三毛典藏》系列序文。

深愛的另一半意外身亡，這場感情的大慟使她不願意在台北久留，在追尋安定感與逃離傷心地等雙重因素下，三毛終於出發了。

　　對於三毛而言，她藉由旅行，想要了解人與人之間是否可以只以赤忱裸現的心意相通；而外在境遇的悲傷、內在召喚的感動，使她深入探究自己的心靈，並用熱情的口吻說著：

> 我盡力用一切可能的交通工具要去認識它的各種面目，更可貴的是，我要看看在這片寸草不生的沙漠裡，人們爲什麼同樣能有生命的喜悅和愛憎。〔註70〕

此外，三毛之所以書寫旅行點滴，最初是爲了讓父母能夠對她安心，另一方面，深具慧眼的皇冠出版社平鑫濤曾經閱讀過三毛求學時代的作品，在他的協助之下，三毛出版了一系列的沙漠遊記，讓台灣的讀者有機會一窺神秘撒哈拉中的特殊風光。

　　然而，三毛並非一味追隨那荒漠中的奇絕瑰麗，畢竟與人的相處、互動才是所有人生意義的根源，她認爲：

> 大自然的景色固然震撼著我，但是，在每一個小村落休息時，跟當地的人談話，更增加了旅行的樂趣，如果這個世界上沒有人存在，再美的土地也吸引不了我，有了人，才有趣味和生氣。〔註71〕

一方土地需要人的參與才得以顯現它的生命力，而旅人的際遇亦須透過書寫才能建構傳奇，撒哈拉沙漠便因爲三毛的參與而形塑它更多的神祕色彩。如〈芳鄰〉一文中，三毛寫出了沙哈拉威人奇特卻眞實的生活狀態；在〈娃娃新娘〉一文中，她道出異國婚姻文化中難以理解的悲嘆；在〈沙漠觀浴記〉中，她也窺視到勃哈多海灣女人用海水清洗自我的經過……。三毛書寫的種種現象，都爲台灣讀者建構了遙遠的異域想像，事實上，這些文字呈現出的人物悲喜，卻是三毛旅居非洲時的生活常態。

　　有些讀者質疑：這些內容究竟是眞實的？或是虛構的？或是眞假參半呢？三毛認爲，當一篇作品公諸於世後，文字所要呈現的故事內容可以由讀者來決定，因爲文學內容的眞實與想像，端存於個人心中。事實上，三毛自認是一個廣泛吸收的閱讀者，也是熟習書寫策略的創作者。她也說過：在自己的生命中，「閱讀」和「旅行」是最重要的兩件事情，而旅行能夠讓人了

〔註70〕三毛《哭泣的駱駝》（台北：皇冠，1977 年），頁 12。
〔註71〕三毛《哭泣的駱駝》（台北：皇冠，1977 年），頁 175。

解：「真實」與「想像」其實只有一線之隔。是故，她擅長運用懸想、誇飾等
筆法，描繪各種風光，如在〈逍遙七島遊〉中，她對卡那利群島的風光描繪
得相當精緻：

> 一個荒涼詩意的夢魘，這是十分文學的夢，渺茫孤寂，不似在人
> 間。神話中的金蘋果，應該是藏在這樣神秘的失樂園裡吧！〔註72〕

三毛運用豐富的想像力、修辭力，帶領讀者穿梭於現實和想像之間。而研究
旅行傳播學的張子樟認為：

> 旅行書寫透過故事展現的敘事價值在於其能連接旅者／作者與異地
> 文物並產生意義，拓展旅程（客觀事件）建立故事之想像力及可能
> 性。〔註73〕

原本要逃離情傷的三毛，在撒哈拉沙漠中找到了重新生活的契機；是故，這
些景物的書寫或多或少都可能參雜虛幻的成份，但是三毛追求理想、追求超
凡境界的心靈，卻也在域外使這份夢想成真。

然而，三毛最終需要回歸，需要回到原來的起點，她停止旅行的原因是
1979 年荷西的意外驟逝。三毛結束了多年的流浪，也結束了十數年異國旅居
的歲月，在家人的支持下，悲傷的她終究回到了台灣。走在台北街頭，每日
觸目所見，盡是擁擠的人群、嘈雜的喧囂聲……等，這些都會景觀竟使她心
慌。因為在台北的生活，不僅沒有荷西，更沒有她習慣的沙漠、自由的道路
和廣闊的天空，連開車都是小心翼翼地穿梭在擁擠之中：

> 躲過一部壓上來的大巴士，閃掉一輛硬擠過來的計程車，我在洶湧
> 的車潮裡不能脫身。快線道上什麼時候來了一輛賣饅頭的腳踏車，
> 那個路人為什麼在跨越安全島？這一群亂七八糟的人啊，都和我長
> 著一樣的臉孔。台北，台北，如果你問我，到底愛不愛你，我怎麼
> 回答？〔註74〕

台北應該才是她真正的家，但是她似乎沒有辦法在台北自在的生活，她稱台
北是一只「加蓋的壓力鍋」，還說自己的喜美轎車是一匹「白馬」──她運用
了各種無邊怪誕想像的敘述形式來概括生活的一切，鄭明娳認為：

> 作家運用這些想像的題材媒介，乃是用來抵抗現實世界的表面理

〔註72〕三毛《哭泣的駱駝》（台北：皇冠，1977 年），頁 174。
〔註73〕張子樟《旅行的意義──論旅行書寫之敘事與傳播行動》（政治大學新聞研究
　　　　所碩士論文，2007 年），頁 130。
〔註74〕三毛《流浪的終站》（台北：皇冠，2010 年），頁 171。

性。〔註75〕

這些想像除了是表現文學美感的修辭，也是一種對於殘酷現實生活的逃避。是故三毛在撒哈拉、在台北，都需要透過想像的媒介，傳遞她心靈真實的聲音，如果說撒哈拉歲月讓三毛的想像成真，那麼台北的生活，或是才是現實的寫照。

二、生活在他方〔註76〕

旅行是一趟文化碰撞的奇特過程，三毛用她自己的步調與態度在異地生活，這一份隨興、自我、倨傲的生命姿態，總伴隨她任意去來。對三毛而言，在異地過著自在的生活是新鮮的體驗，「旅行」不是出走的目的，只是生活的過程，她曾自剖：

> 我的半生，漂流過許多國家。高度文明的社會，我住過，看透，也嘗夠了，我的感動不是沒有，我的生活方式或多或少也受到它們的影響，但是我始終沒有在一個固定的地方，將我的心也留下來給我居住的城市。〔註77〕

對三毛而言，撒哈拉沙漠中的食、衣、住、行等，都與她在台灣的習慣大相逕庭，她曾經耗費許多心力，才克服這些嚴峻的考驗：

> 家裡沒有書報，沒有電視，沒有收音機。吃飯坐在地上，睡覺換一個房間再躺在地上的床墊。牆在中午是燙手的，在夜間是冰涼的。電，運氣好時會來，大半是沒有電。黃昏來了，我就望著那個四方的大洞，看灰沙靜悄悄的像粉一樣灑下來。……撒哈拉沙漠是這麼的美麗，而這兒的生活卻是要付出無比的毅力來使自己適應下去啊！〔註78〕

任何一個群體的生活型態都有其特色，也沒有絕對的優劣、高下標準；然而，習慣文明生活的三毛卻嘗試去體驗這物質匱乏的世界，而論者多以「傳

〔註75〕鄭明娳《現代散文》（台北：三民，2009 年），頁 211。

〔註76〕「生活在他方」（法文：La vie est d'ailleurs）是法國象徵主義詩人 Arthur Rambaud（阿帝爾・韓波，1854～1891）的詩作〈我在流浪〉中的詩句，後成為法國作家 Milan Kundera（米蘭・昆德拉，1929～）的書名；韓波認為：「在富於詩意的夢幻想像中，周圍的生活是多平庸而死寂，真正的生活總是在他方。」

〔註77〕三毛《撒哈拉的故事》（台北：皇冠，1967 年），頁 211。

〔註78〕三毛《撒哈拉的故事》（台北：皇冠，1967 年），頁 208～210。

奇色彩」來形容三毛的作品，或許這份勇於嘗試的精神，也是安土重遷的中國性格中最匱乏的地方，所以讀者就藉由閱讀三毛的作品，獲得對異域的浪漫想像。

三毛一向嚮往著自然的生活，這一種自然包含了環境的原始性、以及心境的隨遇而安。無論在撒哈拉沙漠中、或在加納利群島上，都是交通不便、物資貧瘠的地方，因此當他們有任何生活需求時，在荒漠中行走一兩個小時乃是家常便飯，落日景色、荒涼月光、晨曦大地……構成了每一篇故事的背景。

除了自然風光、生活點滴外，入境隨俗是旅人必經的修練，她曾說：

> 對一個觀光客來說，愈原始愈有「看」的價值。但是，後來和他們
> 打成一片，他們怎麼吃，我就怎麼吃，他們怎麼住，我就怎麼住。
> 〔註 79〕

對於旅人而言，一切陌生異文化的碰撞都必然帶來驚異的感受，但是，一旦旅行的時間超過了體驗的保鮮期後，取而代之的反而是真實的生活體驗。

在撒哈拉歲月裡，三毛結交了不少沙哈拉威朋友，沙哈拉威人由於信奉回教，因此傳統的齋戒月「拉麻丹」是相當重要的盛會，三毛也跟當地人作相同的打扮，融入其中：

> 此地婦女們用一種叫做「黑那」的染料，將我的手掌染成土紅色美
> 麗的圖案。這是此地女子在這個節日裡必然的裝飾之一。〔註 80〕

除此之外，三毛也書寫了許多當地居民的故事，〈啞奴〉一篇書寫了富裕家庭中的奴隸生活，因緣際會之下，她有幸受邀到大財主的家裡作客，並且見到財主家中的啞奴，由於奴隸是世襲制，所有的奴隸都食用和牲畜一樣的食物，就連孩童也說奴隸是「為我們作工的豬」。

面對這些荒漠中的社會百態，三毛有時秉著人我平等的態度與對方相處，有時抱持著欣賞的角度融入其中，有時也會用批判的立場呈現自己的觀點；無論是什麼樣的事件，在三毛奇幻造異的妙筆之下，都呈現出撒哈拉沙漠中獨特的人文地景，並深深影響三毛的生命。然而，對三毛而言，撒哈拉歲月究竟該怎樣定義？是一次驚心動魄的旅程、抑或是生命中居留某地的經

〔註 79〕桂文亞〈異鄉的賭徒〉，見三毛《雨季不再來》（台北：皇冠，1976 年），頁216。

〔註 80〕三毛《撒哈拉的故事》（台北：皇冠，1967 年），頁 161。

驗？值得一提的是她與荷西所組成的「家」。

在〈白手成家〉一文中，記錄了兩人合心協力組織家庭、營造生活環境的過程。原先是三毛計畫到沙漠中旅行，但體貼的荷西事先在礦場尋找了一份工作，以迎接三毛的到來。他們在一片垃圾場與沙谷之間找到一處安靜的所在，養了一隻山羊，手工訂製了桌子、書架、茶几，也縫製了沙發，甚至還佈置著林懷民的中國書法。藉由成家的過程，讓三毛原本枯燥疲憊的心漸漸復原，雖然她離開台灣，是爲了要遠離傷心的記憶，但是無論走到哪裡去，「家」的存在卻是絕對必要的，這些熟悉的設計與布置讓她在沙漠中也有安心的歸屬：

> 我的家，對沙哈拉威人來說，沒有一樣東西是必要的，而我，卻脫
> 不開這個枷鎖，要使四周的環境複雜得跟從前一樣。〔註81〕

人文地理學者段義孚認爲透過人類的感知經驗，我們得以藉由不同的地方來認識這個世界，在其論文〈地理學觀點〉中，他認爲「家」是人類各種生活空間的核心概念：

> 家的意義顯然比物理環境的自然事物要來得多，這個詞尤其不能侷
> 限於某個營造的地方。有助於理解家的一個起點，或許不是家的物
> 質展現，而是一個概念：家是一個在精神和物質上組織起來的空間
> 單位，藉以滿足人類的眞實與感知到的基本生物社會需求，此外還
> 有更崇高的美學政治渴望。〔註82〕

因爲擁有「家」的概念，任何活動才會爲主體帶來「價值」和「意義」，三毛初抵撒哈拉時，對於一切都備感新奇，而新奇的感受源自於距離感，她也承認：當一切陌生成爲習慣，並漸漸融入當地生活後，才會發現：我們所嚮往的「遠方」和世界上其他地方相同，〔註83〕由於現實的局限，才會使「遠方」如此吸引人；然而，這也是旅行的意義轉化的契機，三毛家人曾說「三毛並不存在」，〔註84〕對於三毛而言，書寫的眞實、與存在的眞實是截然不同的，藉

〔註81〕三毛《哭泣的駱駝》（台北：皇冠，1977 年），頁 246。

〔註82〕轉引自 Tim Creswell 著，徐苔玲、王志弘譯《地方：記憶、想像與認同》（台北：群學，2006 年），頁 175。

〔註83〕三毛《哭泣的駱駝》一文對於「地方」的看法頗具代表性：「乍看上去，好似死寂一片，沒有生命，沒有哀樂。其實它跟這世界上任何地方一條街、一條窄弄，一彎溪流一樣，載著它的過客和故事，來來往往的渡著緩慢流動的年年月月。」（台北：皇冠，1977 年），頁 80。

〔註84〕2011 年三毛逝世二十週年時，皇冠圖書推出了一系列《三毛典藏》，序文中三

由三毛的文字，我們可以理解到，原來「旅行」的核心在於心理的機制，並且由心理的機制產生觀看的方式，因此三毛的撒哈拉生活，必須透過旅行的過程來實現，但是，也唯有真實地生活在他方，才能夠體現旅行的意義。

三、異鄉人：旅行‧書寫‧流浪

　　從作家的生命史對照七○年代的文化背景，三毛的「流浪意識」別具意義，這不僅攸關於她的異國婚姻，也影響了三毛遊記體的獨特性與典範性。張瑞芬認為：

> 六、七○年代以降，女性漸起，眼界亦開，於是承繼著「旅行」此一文類，而有「流浪」、「回歸」等不同的思索。〔註85〕

三毛以近乎浪跡天涯的生活方式，探索撒哈拉這片陌生的地帶，受到廣大讀者的喜愛，余秋雨認為：

> 她在不經意之間寫出了客觀世界和主體心靈的特殊強度，茫茫的撒哈拉大沙漠，荒涼、原始、險惡、古怪、神秘，它幾乎象徵著客觀世界的全部未開發性。〔註86〕

五、六○年代遷台女作家的域外旅行中，往往參雜著對家國的檢討與思考，即便到了羅蘭、梁丹丰的筆下，也或多或少反映此種傾向，然而三毛遊記作品中，除了異域的風光外，更開啟了世人對荒野的想像，如果說旅行是有目的地性的活動，而三毛運用近乎傳奇的筆法來創作，使得傳統遊記在她手中轉化了意義，那麼旅行似乎不一定需要明確的計畫或方式。

　　三毛曾經自剖：

> 我在這個世界上，向來不覺得是芸芸眾生裡的一份子，我常常要跑出一般人生活著的軌道，作出解釋不出原因的事情來。機場空蕩蕩的，少數下機的人，早已走光了。荷西搞起了我的大箱子，我背著

毛家人說：「在我們家中，『三毛』並不存在，『三毛』這個名字從民國六十三年開始在《聯合報》出現……，『三毛』是她的光圈，但在我們看來，那些名聲對她而言似乎都無所謂，她的內在一直是陳平，一個誠實做自己、總是帶著點童趣的靈魂。她走過很多地方，積累了很多豐富的經歷，但也因為這些經歷、辛苦和離合，她的靈魂非常漂泊。對三毛的好朋友們、三毛的讀者，和身為三毛家人的我們來說，我們各自或許都看到了、理解了、感受了某一個面向的三毛。」見〈三毛二三事〉，收於《三毛典藏》系列序文。

〔註85〕張瑞芬《台灣當代女性散文史論》（台北：麥田，2007年），頁137。
〔註86〕余秋雨《藝術創造工程》（台北：允晨，1990年），頁72。

　　　　背包，一手提了一個枕頭套，跟著他邁步走去。〔註87〕

三毛來到撒哈拉之前，已經有多次的域外經驗，在荷西的陪伴之下，他倆時常興致所至，又旅行到其他地方去。

　　在三毛所書寫的一系列作品中，荷西是三毛在旅程中最不可或缺的要角，荷西曾笑稱三毛是一個「異鄉人」，三毛也欣然接受這個稱號，而「異鄉」的意義在中國與西方文學中，都有不同的文化內涵。首先，在中國古典詩詞中，「獨在異鄉為異客」指涉著「流浪他鄉」的本質，作者王維便是因為重陽佳節將至卻身處異鄉，因此遙想家中的手足，想像對方應該也是思念著自己，所謂「異鄉」是指「地理距離」的阻隔；然而，在西方的文學意象中，Albert Camus（阿爾貝·卡繆，1913～1960）以其文學作品《異鄉人》（L'Étranger）成為 1957 年諾貝爾文學獎得主，《異鄉人》書寫的主題是：人是存在於孤立疏離之間的，與外界流動的現實狀況是沒有理性關聯的。對三毛而言，卡繆是相當重要的作家，在三毛求學階段，老師顧福生曾介紹《筆匯》與《現代文學》的當代作品給她，並推薦三毛去閱讀波特萊爾、左拉、卡繆的思潮；而三毛對世事「旁觀」的心態，和卡繆《異鄉人》所提到的「心靈距離」頗有類似之處。

　　其實，她常常讓自己成為一個「旁觀者」，對旅行中經歷的人事物抱持著一定的距離。郝譽翔在〈「旅行」？或是「文學」〉中認為書寫旅行本身就是一場「旅行／紀實」與「文學／虛構」兩端之間的拉扯。〔註88〕三毛對撒哈拉景觀的描寫固然精彩，其實在她細膩的文字中，常常藉景抒情，闡述各種人情冷暖，以及在沙漠中體會的人生哲學，她既像沙哈拉威人一樣自在地生活在撒哈拉沙漠中，又想成為一個默默的觀察者。對她來說，在旅程中相遇的人事物都有它的存在意義，畢竟「生命，在這樣荒僻落後而貧困的地方，一樣欣欣向榮的滋長著，它，並不是掙扎著在生存，對於沙漠的居民而言，他們在此地的生老病死是如此自然的事。」〔註89〕

　　因此，三毛的遊記背後，是一種獨立於現實經驗的心理狀態，是一種錯置感，是一種「心理上的他鄉」，〔註90〕這也是構成三毛流浪式書寫的主要原

〔註87〕三毛《撒哈拉的故事》（台北：皇冠，1976 年），頁 215。

〔註88〕郝譽翔〈「旅行」？或是「文學」〉，見東海大學主編《旅遊文學論文集》（台北：文津，2000 年），頁 283。

〔註89〕三毛《哭泣的駱駝》（台北：皇冠，1977 年），頁 216。

〔註90〕李梅蘭《從歧異的詮釋出發——重探三毛文本》：「用流浪來定義三毛一生一

因，正如胡錦媛所說：

> 三毛突破遊記紀實的傳統書寫方式，將人物、情節加以遊戲化，成
> 就一種傳奇浪漫的色彩。〔註91〕

這種浪漫的書寫，除了掙脫遷台文人「感時傷世」的慣性外，也可以見到個性化的旅行正漸漸展開。此外，朱嘉雯在〈挑戰「男遊女怨」的文學傳統〉中，除了肯定三毛是自光復後到政府開放觀光前台灣最重要的女性遊記作家外，也提示了三毛對《紅樓夢》的喜愛，於是她承襲「現代主義」追求內心獨白與意識流等創作技巧，而開啟了擁有個人風格的作品。〔註92〕

其實，在人口大量流動的二十世紀，旅行可說是方興未艾；在傳統的中國文化系統中，人們「安土重遷」的社會心理在七〇年代已經漸漸鬆動，「異鄉」帶來的不安與感傷也正被未知的快感取代。龔鵬程強調：

> 現今社會已經不再是一個以民族為主要行動著的場域與時代了，它
> 強調跨國行動者、跨國認同、跨國社會空間、跨國形式、跨國過程
> 中的衝突與交錯等等。〔註93〕

三毛用浪漫的筆法，書寫自己與荷西四處旅行的經歷，他倆開拓奇異的空間視野，帶給讀者故事性的體驗，通過這些遊記，不僅改變了遷台作家的書寫形式，也開拓遊記書寫的新可能。

第五節　結語：孤獨與浪漫之旅〔註94〕

一、出走記憶傷痕

這一階段的旅行最大的特色在於：旅行者漸漸能夠擺脫國家主義的包袱，使得主體得以用個人的生命歷程來關注目的地的風光。女作家的旅行皆

點也不為過。雖然三毛也曾在西屬加那利群島置產居留，但稱之『定居』或為『流浪』實與地點無關，重要的是心理狀態。」（玄奘人文社會學院中國語文研究所碩士論文，2003年），頁58。

〔註91〕 胡錦媛〈繞著地球跑（上）——當代台灣旅行文學〉，《幼獅文藝》第515期（1996年11月），頁27～28。

〔註92〕 朱嘉雯〈挑戰「男遊女怨」的文學傳統——現代少女遊歷觀念試銓〉，見東海大學中國文學系主編：《旅遊文學論文集》（台北：文津，2000年），頁247。

〔註93〕 龔鵬程《中國傳統文化十五講》（台北：五南，2009年），頁404～405。

〔註94〕 John Urry著，國立編譯館主譯《觀光客的凝視》：「獨自消費自然美景的行為，毫無疑問是一種『浪漫式』的觀光凝視，特別強調孤獨、不受打擾，以及與凝視對象有個人、類精神性的關係。」（台北：書林，1997年），頁86～87。

有明確的主題：羅蘭多寫現代文明，梁丹丰則以圖文合一的方式並敘風景與探索歷程，三毛則善於人情事理、民俗風情。

在七〇年代的台灣，是族群融合、文化與政治互鳴共奏的年代，台灣省籍作家漸漸嶄露頭角，取得文壇地位。而外省籍女作家中，第一代抵台的謝冰瑩、冰心、琦君……等，已屆天命之年、或耳順之年；文壇中堅的三毛、梁丹丰等人，當時大約三、四十歲；她們在渡海來台時年紀尚小，國族流亡的歷史在她們身上似乎不曾烙印明顯的傷痕；至於羅蘭，雖與張秀亞同庚，但在文壇筆耕的時間較晚，〔註95〕性格也較開朗。張瑞芬說她「不曾鬻賣回憶維生，陷溺在往事之中。」〔註96〕因此對這階段書寫域外旅行的女作家而言，「國破家亡」、「反攻大陸」的集體意識已隨著時代久遠而漸漸淡薄。

對羅蘭而言，遷徙來台是為了想要遠離兵戎、開拓視野，因此能夠隨興而行，在世界上自在來去，她的心胸比其他女作家來得灑脫，是故她自言：

> 我是那麼愛一種新鮮的、陌生的、不屬於自己的氣氛。……所以我喜歡旅行，喜歡到我一無所知的地方去遊歷，我原本是這樣的一個人，一個喜歡漂泊遊蕩，喜歡新奇的女人。〔註97〕

旅行是她享受生命的方式，也是感受新奇的最好機會。在旅行中她喜歡用獨遊的方式與異國人事物深度接觸，並且跳脫原有的思考模式，用一顆單純的心靈感受旅行帶來的豐富收獲。

梁丹丰除了有遠征的勇氣，當然也有善感的藝術心靈，曾經歷過童年戰亂的她來到台灣後，固然有了安身立命的場所，然而當她第一次坐上飛機時，立刻感受到這一塊樂土帶給她的是無比的安全感與依賴感：

> 沒有離開過台灣，不知道台灣可愛的程度，環遊世界之後，才知道台灣是天堂！當然，我們懷念故鄉，但神州陸沉之後，河山真的就變色了。〔註98〕

〔註95〕張瑞芬《五十年來台灣女性散文‧評論篇》：「提到羅蘭，如果能知道她與張秀亞同庚，且為河北女師同學，那麼年代地域座標就容易確定了。然而，同為第一代女性外省籍作家，在台灣當代女性散文史中，張秀亞無疑是五〇年代秀異勃發的代表，而羅蘭則要被歸類到六〇、七〇年代散文版圖，原因是她原非以寫作為本行，她的第一本散文集《羅蘭小語》整理自廣播稿，出版於1963年，那年她已四十四歲了。」（台北：麥田，2006年），頁64～65。

〔註96〕張瑞芬《五十年來台灣女性散文‧評論篇》（台北：麥田，2006年），頁65。

〔註97〕羅珞珈〈一伸手，就接住福氣的女人——羅蘭〉，見《家庭》（1978年1月）。

〔註98〕梁丹丰《畫遊隨筆》（台北：光復，1987年），頁200。

雖然在梁丹丰離開中國時已經十二、三歲，但是在她印象中的中國，卻也只是一個遙遠的故鄉，而不是應該回去的家園了。對梁丹丰而言，作畫是出遊的原因，寫作則是自我的修行，因此，彭明輝認為：

> 經由旅行，梁丹丰大體有下列兩種傾向：其一，她申言人是生而平
> 等的，所有民族及其文化必須受到尊重。其二，精神文明較物質文
> 明重要。〔註99〕

他將梁丹丰的旅行歸結為藝術精神的遨遊，是故，梁丹丰的旅行是以「美學」為最終目的，正如張家琳所說：

> 梁丹丰的旅行不具任何政治或商業的目的，總是選擇絕美的、特別
> 的地方，反覆體察欣賞，集中精力探索大自然的奧秘。〔註100〕

在三毛之前，有機會出國的旅人，常常有意或無意地在旅程中記憶失落的中國文明，但是三毛卻用個性化的筆法，寫出了自我心靈與外在的對話。阮桃園在〈從憂傷到浪漫〉一文中，也認為自三毛始，遊記的書寫有了極大的**轉變**：

> 把「出外」當作一種個人的「自我成全」，將「開拓視野」當作一種
> 「自我心理」的平衡器，如此的轉變，已漸遠離陳之藩、鍾梅音那
> 種時時以「國家之興衰為己任」的情懷，而改變為對個人主體感受
> 的深細專注，可說是一種「新感性」情懷。〔註101〕

中國的民族傷痛對她來說，並不足以阻礙生命的開拓發展。三毛的母親有一陣子常說自己中學時代的生活給孩子們聽，當她母親回憶過去時，三毛無法理解、也不願意理解那動盪的遙遠年代和她的生活有什麼關聯：

> 說時窗外的紫薇微微晃動，我們四個小孩都在屬於二房的一個房間
> 裡玩耍，而母親的眼神越出了我們，盯住那棵花樹又非常遙遠起
> 來。〔註102〕

歷史的陰霾終於在七○年代以降漸漸散開，三毛正是重要的分水嶺，正如孟樊所言：

〔註99〕彭明輝《中國美術專題研究》（台北：台北市立美術館，1984年），頁66。
〔註100〕張家琳《梁丹丰散文研究》（銘傳大學中國文學研究所在職專班碩士論文，2009年），頁313。
〔註101〕阮桃園〈從憂傷到浪漫——現代台灣旅遊文學中的情懷轉折〉，見東海大學中國文學系主編《旅遊文學論文集》（台北：文津，2000年），頁174。
〔註102〕三毛《流浪的終站》（台北：皇冠，2010年），頁142。

> 一九七〇及一九八〇年代的旅行文學便能甩開之前沉重的包袱，不
> 復有「黯然神傷」的調子，三毛的《撒哈拉的故事》系列所刮起的
> 旋風，足堪代表。〔註 103〕

因此，羅蘭開始懂得如何安排自助旅行、觀照獨我生命，梁丹丰為推廣藝術
而勇闖天涯，三毛以民胞物與的襟懷書寫沙漠奇人異事。在她們的筆下，可
以見到七〇年代女作家個性化的主張如何影響了創作方式的延展，並且拓展
了書寫內容的廣度；她們嘗試以個人的生命氣質，建立自己的旅行方式，這
也是台灣遊記發展的轉捩點。

二、「伴」或是「絆」？——女作家旅伴觀察

在傳統中國文化裡，女性出遊總是附屬於男性，在鍾叔和的《走向世界》
系列叢書中，出現了第一位書寫域外經驗的女作家——單士釐女士。單士釐
是清末著名外交家錢恂的夫人，因伴隨著丈夫經營外交事業而有幸遠遊。研
究單士釐作品的顏麗珠認為她的旅行是「夫唱婦隨」，而錢恂亦相當支持妻子
的創作，在這樣的互動模式之下，男性首度以一個引導者、鼓勵者的身分，
成為女性書寫旅行的輔佐力量。

然而，在旅行過程中，「旅伴」究竟扮演什麼樣的角色？近人徐志摩在義
大利遊記作品〈翡冷翠山居閒話〉中，曾經用幽默的口吻訴說女性旅伴帶來
的「困擾」：

> 這樣的玩頂好是不要約伴，我竟想嚴格的取締，只許你獨身；因為
> 有了伴多少總得叫你分心，尤其是年輕的女伴，那是最危險最專
> 制不過的旅伴，你應得躲避她像你躲避青草裡一條美麗的花蛇！
>
> 〔註 104〕

徐志摩認為旅伴會讓人在旅途中分心，錯過許多美好的事物；然而女性出遊
時是如何面對「旅伴」？在七〇年代女作家的出遊中，可以看到她們在面對
「自我」與「伴侶」之間有著特別的思考。

從羅蘭的作品《獨遊小記》書名，便可以見到她旅行的癖好，序文中她
提及喜愛獨遊的原因：

> 由於是旁觀者，所以自己不會癡迷顛倒，不會捲入游渦中而忘其所

〔註 103〕孟樊編《旅行文學讀本》（台北：揚智文化，2003 年），頁 20。
〔註 104〕徐志摩《翡冷翠山居閒話》（台北：風雲時代，2010 年），頁 7～8。

> 以，也不會有任何得失憂喜的負擔。因此能夠隨遇而安，能夠行於
> 所當行，止於所不得不止。也正因為這個緣故，我比較喜歡「獨
> 遊」，可以享受更多的任性自如，不受約束之樂。〔註105〕

獨自出遊的好處是不受限於他人，可以自己安排所有的時間與地點，所以她稱這是種「孤蓬萬里，獨斷獨行」的旅行方式；羅蘭甚至不願意勞煩當地的朋友開車載送她出入機場，因此出門在外時，她從認路開始都盡量親自處理，雖然獨自旅行也有缺點——少了相互照應的對象，但是羅蘭卻認為這樣的方式反而可以讓她在路上遇到更多不同的趣味。〔註106〕

　　梁丹丰是台灣第一位勇闖多國、四處作畫的藝術家，她曾說自己「雖然孤零，卻滿懷壯志。」〔註107〕挑戰意志的極限使她的藝術造詣更攀高峰，而且在這些獨自出國的旅程中，她可以找到許多機會來探討人性、觀察各國民族性，於是孤單成為藝術的養分，擺脫了日常生活習慣的桎梏、身邊人事的紛擾，創作的力量反而能夠藉由旅行過程中的一草一木，直接觸動她的心靈，因此她說：

> 我承認出國前沒有這麼敏感，但在整個孤單的旅途中，即使很多微
> 小的事物，都會在內心中匯成巨流，在國外的時間愈長，走過的地
> 方愈遠，感觸愈深。〔註108〕

旅行讓女性在現實生活之外，找到直接認識世界的道路，甚至發掘深層意識中被忽略的細節，對於了解自我意識而言，這是一種寶貴的經驗。

　　在三毛的旅行過程中，荷西是相當重要的角色，兩人雖然在撒哈拉結婚，但是三毛承認：他們只是彼此需要一個伴侶，有時不需要彼此過於親密的陪伴，因此她認為：

> 偶爾的孤獨，在我個人來說，那是最重要的。我心靈的全部從不對
> 任何人開放，荷西可以進我心房裡看看、坐坐，甚至占據一席；但
> 是，我有我自己的角落。那是「我的，我一個人的。」結婚也不應
> 該改變這一角，也沒有必要非向另一個人完完全全開放，任他隨時

〔註105〕羅蘭《獨遊小記》（台北：九歌，1981年），頁4。
〔註106〕羅蘭《獨遊小記》在〈皎皎空中孤月輪〉一文中書寫了不少羅蘭的旅行哲學。
　　　　　（台北：九歌，1981年），頁191。
〔註107〕梁丹丰《北極圈之旅》（台北：北屋，1977年），頁58。
〔註108〕梁丹丰《畫迹屐痕》（台北：水芙蓉，1975年），頁172。

隨地跑進去搗亂，那是我所不願的。〔註109〕

她意識到自己面對這大千世界，有著無盡的追尋與嚮往，「婚姻」對她而言，不應該成爲生命中的包袱；然而，她並不是爲了反對而反對，也不是想成爲呼應社會運動的解放者；她也曾說過：

> 我不是婦女解放運動的支持者，但是我極不願在婚後失去獨立的人格和內心的自由自在化，所以我一再強調，婚後我還是「我行我素」，要不然不結婚。〔註110〕

因此荷西在三毛的撒哈拉歲月中，是最好的傾聽者與守護者，但是，荷西不會成爲她旅行中唯一的依靠，因爲執著的三毛有自己對生命的態度。

在《旅行的藝術》一書中，Alain de Botton（艾倫‧狄波頓，1969～）認爲：

> 我們對世界的看法通常在極大程度上受到我們周圍人們的影響，我們調和自己的求知慾去滿足別人的期待……被一個同伴近距離地觀察會阻止我們觀察別人，我們忙於調整自己以滿足同伴的疑問和評價，我們不得不讓自己看上去更正常，這樣一來便影響我們的求知慾。〔註111〕

旅人會因爲外在的景觀而形成時空上文化差異的感受，對於異地、異國情調與當地的人土風情，產生吸收或自我改造的過程；〔註112〕但是如果在外力干擾之下，可能會使自我轉化的過程受到影響。

七〇年代的女作家突破了這一層限制，她們盡可能地讓自己走出原有的生活空間，探索更遼闊的世界。羅蘭、梁丹丰嘗試以自助或半自助的旅行方式出國，三毛也因爲有荷西的守候而勇敢地走入傳說中的黑色大地，無論她們是如何思考「伴侶」的意義，都在主體意識上有所成長，進行一場浪漫與孤獨的旅程，因爲旅行不只是一種行動，而是增廣知識、獲得人生經驗的重要途徑。

〔註109〕三毛《哭泣的駱駝》（台北：皇冠，1977 年），頁 220。
〔註110〕三毛《撒哈拉的故事》（台北：皇冠，1976 年），頁 19。
〔註111〕Alain de Botton 著，南治國、彭俊豪、何世原譯《旅行的藝術》（上海：上海世紀，2010 年），頁 240～241。
〔註112〕廖炳惠《關鍵字 200：文學與批評研究的通用辭彙編》（台北：麥田，2003 年），頁 263。

三、爲「我」出發：旅行的目的

　　整體而言，該階段的遊記內容走向個性化的道路，作家與域外碰撞的火花使得遊記書寫的主題大量擴增，而女作家獨特的經歷，也比五、六〇年代的前輩呈現更開放的態度；另一方面，多元面貌的遊記正好預示了台灣旅行書寫盛行的風潮。朱嘉雯認爲在五〇年代遷台文人之後，因文藝、國語政策與作家個人意識型態的契合，以致流亡作家不僅不曾失語，反而相對地容易取得發表場域；〔註113〕但是在六〇年代，親美文化造成文學發展與五四傳統切割，〔註114〕五四傳統在七〇年代女作家遊記的內容中已消弭無蹤。當亂離的傷痕已經漸漸在時代洪流中被撫平，此時也是女性重新出發的契機。

　　七〇年代正是台灣鄉土文學蔚爲風潮之際，戰後出生的省籍作家在此時已漸漸嶄露頭角，遷台作家不再獨占文壇領導地位，因此散文的主題、形式有了更多樣化的嘗試。在遊記的領域中，當女性不再是以國族立場書寫域外感受時，她們創作時就更能擺脫束縛，以自己的觀點出發。

　　其實旅行對於人類的發展過程而言，具有多重意涵，無論是傳教佈道的宗教旅行、爲了經濟貿易的行商之旅，甚或是因爲經濟政治而被迫流徙的移民流動……等，這些旅行除了表現出不同目的所帶來的種種移動外，背後更具有權力滲透帶來的文化交流問題，這些旅行往往也以男性爲主。當女性有能力決定自己的旅行方式時，便具有特殊的價值，黃雅歆認爲：

> 不論旅行時間長短，畢竟都是一種脫離原生社會的行爲，這種脫離
> 意味著女性的可以「反叛」，剛好提供了翻轉既定價值、發掘未知潛
> 能的機會與空間。〔註115〕

女作家追求心靈的自由，透過旅行意願的自主性、旅行主題的專一性顯現出來。

　　此外，在七〇年代的遊記中，女作家總擅長以「我」爲主體，與異地的

〔註113〕朱嘉雯《玫瑰，在她如此盛開的時候：探索女性文學的綺麗世界》（台北：秀威科技，2007 年），頁 142。

〔註114〕張瑞芬〈現代主義與六〇年代的台灣女性散文〉：「現代主義於六〇年代影響台灣文學，其背景與台灣社會當時的親美文化不無關係，只是台灣的現代主義文學，將原本歐美現代主義對經濟發展（工業化、都市化）的反思，轉化成了知識份子對現實政治的冷感或抗拒，也象徵了台灣當代文學與五四新傳統的割離。」見《逢甲人文社會學報》第 13 期（2006 年 12 月），頁 2。

〔註115〕黃雅歆〈從三毛《撒哈拉傳奇》看「女遊」的潛能開發與假想〉，見《台北師院語文集刊》第八期（2003 年 6 月），頁 32～33。

人們、文化進行直接的溝通，如三毛旅行中，她相當重視和當地人的互動：

> 我們住的地方是小鎮阿雍的外圍，很少有歐洲人住，荷西和我樂於
> 認識本地人，所以我們交的朋友大半是沙哈拉威。〔註116〕

結識異國的朋友是融入當地文化的重要過程，在三毛大部分的作品中，都可以看到她用自由的心靈感受新世界的各種經驗。

「冒險家精神」是最能展現女性意志的一環，冒險意味著挑戰性、主動性、開發性，梁丹丰不畏艱難背起畫架，走訪嚴寒的北極冰帽、炙熱的中東地帶，而獨自旅行最需要的便是勇氣，她說：

> 這種勇氣是累積出來的，但是第一步，則是你必須具備想挑戰的心！
> 挑戰的心能讓我產生勇氣，而這勇氣造就美好的經驗。〔註117〕

這些獨特的經驗不只完成她的夢想，更造就了女性對域外空間的嚮往；另一方面，跨越空間的另一層意義是為了嘗試不同的人生角色，當女性可以穿過重重的限制，暫時解脫家庭所期許的「主婦身分」，讓自己透過旅行成長，「我」的存在不只是國族背後默默的支持者，也不只是守護家庭的力量，而是可以不斷接受未知與挑戰的個體，這便是七〇年代女作家最具代表性的特色──為「我」出發。

〔註116〕三毛《撒哈拉的故事》（台北：皇冠，1976年），頁49。
〔註117〕梁丹丰口述，轉引自張家琳《梁丹丰散文研究》（銘傳大學應用中國文學研究所在職專班碩士論文，2008年），頁97。

第五章 結 論

一、越界：女作家的自我成長

　　從五○年代開始，遷台女作家一面經營家庭生活，一面嘗試挖掘異於男性主流文藝生態的內容。對於有幸出國旅行的女作家而言，這是她們重新認識自己、認識世界的方式；當她們與旅途中相遇的人物、事件、地景產生有機互動時，也使自己的心境產生轉折。

　　旅行的核心價值在於使移動主體在「出發／回歸」的過程中重新探索自己，而不少女作家都在旅行當下、或回顧旅行過程時，開始關注自身內在的聲音，並進而建構旅行哲學。余秋雨認為：

> 任何傑出的生命都會不斷地尋找環境載體，而這種尋找也就是衝撞。衝撞之處未必著名，更不必有古蹟，這些高貴靈魂與自己所遇環境的種種對話，揭示了旅行的深層意義。〔註1〕

是故旅行對作家帶來的外在意義是書寫範圍的延展，內在價值則是生命經驗的擴充。

　　人文地理學家回顧二十世紀的權力結構時，認為性別之間的互動關係正不斷變動，台灣在社會邁向多元開放的過程中，原本穩固的性別政治開始解構；遷台女作家固然享有優於本省籍作家的資源，也承擔了書寫的任務，〔註2〕藉由旅行的過程，女作家會發展出不同於男性觀點的凝視方式，發現

〔註 1〕余秋雨《旅行的藝術》推薦序，見 Alain de Botton 著，南治國、彭俊豪、何世原譯《旅行的藝術》（上海：上海世紀，2010 年），頁 3。

〔註 2〕瘂弦編《張秀亞全集》：「光復後報紙雜誌一律由日文改為中文，很多戰前就

世界多樣的生活姿態；因此，旅行是讓她們快速成長的方式，無論在性別、國族、人己關係上都會發展出新的認知。

此外，經濟、政治與文化的社會關係，每一種都蘊含了權力，也有支配與從屬的內在結構，在每個不同層面上擴延整個星球，包含了家戶、地區和國際。〔註3〕五○年代徐鍾珮貴為外交夫人而遊歷多國，六○年代鍾梅音與王琰如也都是因為丈夫工作之故出國旅行，這種被動式的出遊，使得女性在旅行意識上尚未完全明朗；到了七○年代，有羅蘭的自助訪美、梁丹丰的孤征天涯，她們的旅行都是自己規畫的路線；此外，三毛選擇到遙遠的不毛地帶經營生活，脫離了一般人所可掌握的安全範圍，這種旅行方式更是「為追求自己的昇華而走進沙漠，藉身體極致不安的狀況迫使自己以書寫來慰藉，這是一種在書寫之外的生命極致表現。」〔註4〕是故，從五○年代以降，女性之出發已由被動的觀看漸漸提昇為自我價值的追求，在旅行意義的認知上，也從文化家國的牽絆中走出，而懂得發揮個人特質，展現個性化與浪漫化的書寫意識。

女作家的出遊尚有另一層意義，七○年代開始，台灣經濟奔騰起飛，全球化的浪潮席捲台灣，個人被迫以二手方式體驗現象世界的環境，在如此高度轉介、媒體充斥的設定中，眾人的生活即將被全球性的消費習慣、資訊文化滲透到每一層面，〔註5〕追溯中國遊記傳統，自古以來的文人往往擅於書寫大山大海的遼闊，然而這些旅行文化都是由男性文人所建構，眾人閱讀的文學地景也是男性文人觀看所得。如果說近代遊記是以集體思維描繪的西方帝國，那麼1949～1979年遷台女作家的遊記就是一場走向個性化與獨立化的展

已經成名的老作家，不願意再以日文寫作，紛紛暫時停筆，努力學習中文，準備跨越語文工具的障礙，因應時代的轉變，而接受國語教育的一代還沒有長成，致使本土文壇陷於沉寂，其間又受到『二二八事件』的影響，台灣知識份子對現狀灰心，整個文化活動停擺，陷入低潮，差不多一直延續到一九六○以後，才恢復應有的生機。在這青黃不接的階段，一些渡海來台的作家逐漸活躍，填補了這段歷史空白。」（台南：國家台灣文學館，2005年），頁12～13。

〔註3〕Tim Cresswell 著，徐苔玲、王志弘譯《地方：記憶、想像與認同》（台北：群學，2006年），頁112。

〔註4〕簡培如《流動的書寫——三毛研究》（彰化師範大學國文學研究所碩士論文，2008年），頁87。

〔註5〕王斑〈呼喚靈韻的美學〉，見周英雄、劉紀蕙編《書寫台灣》（台北：麥田，2000年），頁349。

演。在 1949～1979 年間，女性藉由旅行站上了文化批評的位置，也掌握了在歷史上書寫、發言的可能，她們不僅更了解自身生活的原貌，也開始建構女性觀看下的異域風景，更重要的是，她們的旅行讓自己固有的價值觀漸漸產生蛻變的可能。

二、萬象：觀看大千世界

　　1949 年以降，遷台女作家因取得較豐富的社會資源，也受過良好的教育，在種種因緣際會之下，展開一段段豐富的域外遊歷。從五○年代開始出發的蘇雪林、謝冰瑩、徐鍾珮，六○年代的鍾梅音、王琰如，至七○年代的羅蘭、梁丹丰、三毛等，她們探索的範圍達到前所未有的廣闊，而各地的文化氛圍都帶給女作家特殊的感受，無論是高度開發的歐美、臨近的亞洲、荒遠的非洲、甚至是僻遠的北極洲……等，都有不同女作家探索的痕跡。

　　首先，在所有遊歷區域中，女作家對歐美地區的書寫，普遍延續了近代遊記中對西方的崇拜。徐鍾珮、鍾梅音是因為丈夫工作的原因前往歐洲各國，進行較長期的觀察與旅行；而羅蘭則是自身工作受邀之故前往美國。在這些遊記中，女作家們常常用忻慕的筆調刻畫對歐美文明的讚嘆，她們往往透過教堂、博物館、美術館等藝術性座標，轉釋異域的文明價值。

　　接著，前往亞洲地區的女作家則呈現了不一樣的旅行態度。謝冰瑩、鍾梅音等人都曾在南洋進行華文教學，她們一概認為：南洋諸國亟需中國文化的灌注與滋養，且當地相似的文化背景與舒適的社會氛圍，都讓她們在那裏度過一段相當愜意自在的生活。

　　最後，王琰如和三毛都曾以非洲為背景書寫域外遊記。王琰如是第一個書寫非洲旅行的女作家，在家人陪伴之下，六年的旅居歲月對她而言是一段美好的回憶，她用寬闊的胸懷及平等的視野與當地居民相交相惜；至於生活於撒哈拉的三毛，在荷西的陪伴下，她自然而然地融入沙漠生活圈，體驗各種奇風異俗，並結識當地不少朋友。是故，王琰如的家居生活以及三毛的浪漫傳奇都為 1949～1979 年台灣旅行書寫帶來新鮮的異域風采。

　　可貴的是，女作家在接觸異國文明後，亦懂得反身欣賞中國傳統，因此女性在考察異國的同時，會用不同於男性傳統的政治視角，代之以歷史、文化的角度來進行價值對照，進而對自身文化產生期許、肯定或認同。而「認同」並非是一個新式的概念，從柏拉圖到海德格等人，均將「同一」（identity）

和差異（difference）相互對照。自五四以降，中國的知識分子藉由外國國力發展的狀況，思考國家的未來，這種成長模式，便成為一項優良的傳統，尤其在六〇年代以後，因為多元文化的身分開始備受關注，〔註6〕女作家在自覺／不自覺的狀態下，把握出遊的機會，將世界各地的繽紛樣貌具體展現，讓國人開啟對世界的好奇，也帶動了1979年後女性出國旅行的風潮。

是故，無論女作家們是移動到歐洲、美洲、非洲、或是鄰近的亞洲國家，「文化」、「教育」、「女性」、「自然」都是她們最關注的主軸；因此，旅行成為一座橋梁，溝通著兩地之間相異的民情風俗。遷台女作家書寫了令人耳目一新的景觀，以及多樣特殊的域外活動，讀者不只獲得了文學上怡情養性的功能，亦拓展了知性的文化理解，而這些內容也都為封閉的台灣社會開啟一扇看見世界的窗。

三、懷土：家國身影的濃淡景致

書寫域外的遷台女作家含括了不同的年齡層及文學世代，她們分別代表著台灣各階段的文化背景，從最年長的蘇雪林、到年紀最輕的三毛，她們都在遠離家園之際，在域外想像「文化中國」的樣貌，這些內容正好展現了不同世代之間對「家國」不同程度的歸屬。John Urry（約翰・厄里，1946～）認為：

> 我們可以從國族的性質，來了解旅遊對文化的重要性，以及文化本身如何行到他處。最重要的是國族（nation）怎樣敘述自己，一個國族的歷史就是講故事。〔註7〕

對五〇年代域外旅行的的蘇雪林、謝冰瑩、徐鍾珮來說，中國是她們人生前半段真實生活的場域，她們在那兒成長、學習、工作與成家，是故，1949年赴台之際，她們的喪亂之感尤其濃重。當她們再度遠行後，往往表達濃厚的懷鄉之情，並且感嘆半生遷徙的傷痛情懷。她們的遷徙原本就是不得已的選擇，因此再度遠離安定時，便或多或少呈露出哀傷的心境。

六〇年代的女作家雖然沒有完全走出自傷的氛圍，但她們卻開始欣賞異國的景致，並且嘗試帶著積極的心態學習，是故鍾梅音總不忘提醒國人振

〔註6〕 廖炳惠《關鍵字200：文學與批評研究的通用辭彙編》（台北：麥田，2003年），頁135。

〔註7〕 John Urry 著，國立編譯館主譯《觀光客的凝視》（台北：書林，1997年），頁269。

作、努力，並回過頭來直言書寫台灣「敷衍僥倖」的社會現象，〔註8〕期許自己用遊記帶來積極的鼓勵效果，爲社會打開一面天窗。不過，王琰如和鍾梅音都是在台灣建立了溫暖的家庭後才再度出國，是故，當女作家們體認到中國已遠，歸鄉不得時，便把這一份對國人深切的期許建構在台灣土地上。

　　而七〇年代出發的女作家們思考的方式迭有不同。羅蘭不同於前輩憂思忡忡的筆調，她不同於六〇年代作家筆下對國家「恨鐵不成鋼」之感，反而用包容、溫和的態度看待這一段歷史大遷徙；梁丹丰則在異域揮筆作畫、發揚藝術的同時，不忘宣稱自己是「自由中國」的一份子；至於三毛，她對於「國」的意識並不深刻，但是她對於「家」有著濃厚的眷戀與依賴，不僅父母在台灣給她穩固的依靠，在撒哈拉沙漠中，她與荷西組織的「家」也成爲她不斷出發的力量。

　　是故，對各階段的女作家而言，「國」與「家」有著不同的概念。對大部分的遷台女性而言，即使她們遠離政治核心，但旅行的過程中，也常常在異國思念、構築不同形式的家國印象。正如同劉再復在〈漂泊的故鄉〉中所說：

> 我在另一個世界裡又發現了故鄉，這個故鄉，就是飄泊的故鄉。……我雖然漂流到國外，但祖國的文化就在我身上。……我的根不僅連著莊子的鯤鵬與蝴蝶，也連著海明威的老人與海。泉水、蝴蝶、海、王子、美麗的藝術之星，伴隨著我作精神的流浪，他們全是我的漂泊的故鄉。……其實，到處都有漂泊的母親，到處都有靈魂的家園。〔註9〕

四、傳承：從五四山水到現代文章

　　在歷史話語的敘述下，女性移動的故事向來極少受到關注。自 1979 年政府開放觀光後，台灣女性的旅行書寫與研究在品質、數量上均大幅成長。其實 1949 年以降，台灣社會的經濟尚未復甦，民眾對於安定的渴望大於移動，出國旅行者也意味著擁有較優渥的社經地位，因此，「旅行」在當時是相當難能可貴的機會，而民眾對域外風光的認知就仰賴遊記帶來的想像，就如許珮

〔註 8〕　鍾梅音《海天遊蹤第一集》：「生於憂患未必就是不幸，生活在一個充滿因循敷衍與僥倖心理的社會，才是最大的悲哀。」（台北：大中國，1966 年），頁 4。

〔註 9〕　劉再復《漂流手記——域外散文集》（台北：風雲時代，1994 年），頁 1～3。

馨言：

> 對於不能輕易踏出國門的讀者而言，周遊列國是十分令人欣慕的經
> 驗，因此這些西遊取經者莫不大書特書她們的「海外見聞錄」，正是
> 因為這類旅遊散文可以滿足國內讀者想知天下事的欲望，所以也正
> 好給予她們一個盡情揮灑的舞台。〔註 10〕

少數出國旅行的女作家把握了這些機會，勤於記錄寫作，無形之中承續了中
國旅行書寫的脈絡。雖然「資訊」式的旅行寫作是一個文化、國家與寫作主
體早期剛開始接觸異文化世界時的現象，〔註 11〕但是女作家在傳承這一項書
寫任務時，不斷地修正自己，開創新意，使得遊記在內容及形式上都有大幅
進步。

　　以故，1949～1979 年間遷台女作家的遊記承載了她們於此時空背景下的
心聲，這些作品在讀者間頗受歡迎，畢竟旅行是體現自由移動、窺見世界百
態的方式之一，無法一償宿願的國人因此將渴望旅行的心願寄託在作家構築
的異域景觀中。

　　此時的域外遊記可說是八、九〇年代旅行書寫大放異彩的嘗試與基石，
孟樊曾經作了以下整理：

> 旅行文學在台灣雖係於一九八〇年代末至一九九〇年代初始受到文
> 壇的注意，但是它在當代台灣的發展，即肇於戒嚴的一九五〇、一
> 九六〇年代。受限於肅殺的時空環境，當時僅有的遊記如陳之藩的
> 《旅美小簡》、《劍河倒影》，鍾梅音的《海天遊蹤》等，都不免呈現
> 「黯然神傷」的調子，旅人的海外之遊似乎難以瀟灑起來，要到一
> 九六〇年代末林文月《京都一年》的出現，其冷靜的文字敘述，始
> 將旅行文學「告別憂傷」，真正展開「旅人之心翅」，而這當和其時
> 台灣經濟起飛的社會環境的變化不無關係。〔註12〕

回顧歷史版圖，五四傳統中的中國山水書寫在蘇雪林遊記中保存下來，其後
徐鍾珮以類似報導文學的體式創作，六〇年代以降因台灣、美國關係日漸密
切，台灣文壇也受西方理論與文化影響，女作家雖遠離政治指導的風氣，亦

〔註10〕 許珮馨《五〇年代的遷台女作家散文研究》（台灣師範大學國文研究所博士論
　　　　文，2006 年），頁 180。
〔註11〕 胡錦媛〈台灣當代旅行文學〉，見東海大學主編：《台灣旅遊文學論文集》（台
　　　　北：文津，2001 年），頁 281。
〔註12〕 孟樊編《旅行文學讀本》（台北：揚智文化，2003 年），頁 20。

不可免地站在文化藝術的角度建構書寫模式，七〇年代之後，結合各種目的的出遊方式漸漸開啓旅行寫作的風氣。在時空的限制下，作家作品雖不盡然符合現代的文學審美，但是遷台女作家的作品在當時已是盡善盡美，各有特色，而這些遷台女作家以開放的心靈與探索的胸襟，更建構出不同於官方視野的形式與內容。

在保守的年代中，女性必須在相對弱勢的環境中努力書寫，克服現實的障礙，才得以將旅行成果出版成書。從出發開始、至返回原點而止，中間的歷程便是她們獨一無二的生命成長史。從謝冰瑩到三毛，可以見到女作家遊記漸漸成現代文學體系不可或缺的要角，尤其鍾梅音和三毛的遊記作品，在當時都不斷重新編訂出版，讀者亦熱烈迴響。總之，在文學產業中，「遊記」的確是一股不可或缺的蓬勃能量。畢竟作家不只書寫觀看的經驗，也建立了跨越國家疆界與政治立場的飛行語言，對遊記內容的剪裁與藝術形式也有自己的看法。余光中亦認為：

> 三十年來台灣的散文一直不是唐宋八大家鬚眉獨茂的世界。……只要我們回顧一下，就可發現，首先把留學生活寫熱了的，是女作家；首先把大陸生活寫熱了的，是女作家；首先把流浪異國寫成風氣的，也是女作家。〔註13〕

這批遷台女作家在漫漫中國遊記文學脈絡中，終究取得了自己的歷史位置。

要而言之，她們參與旅行與書寫，是台灣散文中昂然獨秀的一支隊伍，她們用自身的出走經驗建構了女遊的豐富面貌，既富有中國遊記傳統山水姿態的描摹，也在東、西方國家的文化衝擊裡成長茁壯。這群「離散族裔」出入在多元文化之間，或許在某個層面上，也擁有其更寬廣和多元的視角，得以重新參與文化的再造、顛覆與傳承，〔註14〕在八、九〇年代的師瓊瑜、李黎、黃寶蓮、張讓、鐘文音等女作家之前，任我們藉其雙眼飽覽世界繽紛萬象。

〔註13〕余光中《從徐霞客到梵谷》（台北：九歌，2006 年），頁 244～245。
〔註14〕廖炳惠《關鍵詞 200：文學與批評研究的通用辭彙編》（台北：麥田，2003 年），頁 79。

參考文獻

一、書籍

（一）文學作品

1. 蘇雪林《歸鴻集》（台北：暢流半月刊社，1955 年）。
2. 謝冰瑩《菲島記遊》（台北：力行，1957 年）。
3. 謝冰瑩《故鄉》（台北：力行，1957 年）。
4. 蘇雪林《歐遊獵勝》（台北：光啓，1960 年）。
5. 謝冰瑩《馬來亞遊記》（台北：海潮音月刊，1961 年）。
6. 鍾梅音《海天遊蹤第一集》（台北：大中國，1966 年）。
7. 鍾梅音《海天遊蹤第二集》（台北：大中國，1966 年）。
8. 謝冰瑩《我的回憶》（台北：三民，1967 年）。
9. 三毛《撒哈拉的故事》（台北：皇冠，1967 年）。
10. 王琰如《我在利比亞》（台北：三民，1969 年）。
11. 鍾梅音《蘭苑隨筆》（台北：三民，1971 年）。
12. 謝冰瑩《生命的光輝》（台北：三民，1971 年）。
13. 羅蘭《訪美散記》（台北：現代關係，1972 年）。
14. 王琰如《旅非隨筆》（台北：中華，1972 年）。
15. 徐鍾珮《靜靜的倫敦》（台北：大林，1973 年）。
16. 鍾梅音《旅人的故事》（台北：大地，1973 年）。
17. 鍾梅音《昨日在湄江》（香港：小草，1975 年）。
18. 梁丹丰《畫迹屐痕》（台北：水芙蓉，1975 年）。
19. 徐鍾珮《追憶西班牙》（台北：純文學，1976 年）。

20. 三毛《雨季不再來》（台北：皇冠，1976 年）。

21. 梁丹丰《北極圈之旅》（台北：北屋，1977 年）。

22. 三毛《哭泣的駱駝》（台北：皇冠，1977 年）。

23. 羅蘭《獨遊小記》（台北：九歌，1981 年）。

24. 徐鍾珮《徐鍾珮自選集》（台北：黎明，1981 年）。

25. 林錫嘉編《耕雲的手》（台北：金文圖書，1981 年）。

26. 徐鍾珮《我在台北及其他》（台北：純文學，1986 年）。

27. 梁丹丰《畫遊隨筆》（台北：光復，1987 年）。

28. 楊牧《一首詩的完成》（台北：洪範，1989 年）。

29. 蘇雪林《我們的八十年》（台北：時報文化，1991 年）。

30. 劉再復《漂流手記——域外散文集》（台北：風雲時代，1994 年）。

31. 羅蘭《歲月沉沙第二部——蒼茫雲海》（台北：聯經，1995 年）。

32. 林非編《百年遊記》（台北：立緒，2003 年）。

33. 孟樊編《旅行文學讀本》（台北：揚智文化，2003 年）。

34. 瘂弦等編《張秀亞全集》（台南：國家台灣文學館，2005 年）。

35. 陳芳明、張瑞芬主編《五十年來台灣女性散文·選文篇》（台北：麥田，2006 年）。

36. 向陽主編《二十世紀台灣文學金典》（台北：聯合文學，2006 年）。

37. 阿盛主編《散文 30 家》（台北：九歌，2008 年）。

38. 徐志摩《翡冷翠山居閒話》（台北：風雲時代，2010 年）。

39. 三毛《流浪的終站》（台北：皇冠，2011 年）。

（二）文學論著

1. 司徒衛《五十年代文學論評》（台北：成文，1971 年）。

2. 孟悅、戴錦華《浮出歷史的地表——中國現代女性文學研究》（台北：時報文化，1989 年）。

3. 李瑞騰《台灣文學風貌》（台北：三民，1991 年）。

4. 彭瑞金《台灣新文學運動四十年》（台北：自立晚報，1991 年）。

5. 鄭明娳編《台灣當代女性文學論》（台北：時報文化，1993 年）。

6. 呂正惠《戰後台灣文學經驗》（台北：新地，1995 年）。

7. 姚同發《解讀羅蘭·天津中國魂》（深圳：海天，1997 年）。

8. 彭瑞金《台灣新文學運動 40 年》（高雄：春暉：1997 年）。

9. 鹿憶鹿《走看九○年代台灣的散文》（台北：台灣學生，1998 年）。

10. 周英雄、劉紀蕙編《書寫台灣》（台北：麥田，2000 年）。

11. 夏菁《欲望與思考之旅：中國現代作家的南洋與英美遊記研究》（台北：文史哲，2000 年）。

12. 鄭明娳《現代散文現象論》（台北：大安，2001 年）。

13. 東海大學主編《台灣旅遊文學論文集》（台北：文津，2001 年）。

14. 范銘如《眾裡尋她：台灣女性小說縱論》（台北：麥田，2002 年）。

15. 郭懿雯主編《時代與世代：台灣現代散文學術研討會論文集》（台北：東吳大學，2003 年）。

16. 梅新林、俞樟華主編《中國遊記文學史》（上海：學林，2004 年）。

17. 張瑞芬《五十年來台灣女性散文・評論篇》（台北：麥田，2006 年）。

18. 余光中《從徐霞客到梵谷》（台北：九歌，2006 年）。

19. 朱嘉雯《玫瑰，在她如此盛開的時候：探索女性文學的綺麗世界》（台北：秀威科技，2007 年）。

20. 張瑞芬《台灣當代女性散文史論》（台北：麥田，2007 年）。

21. 葉石濤《台灣文學史綱》（高雄：春暉，2007 年）。

22. 鄭明娳《現代散文構成論》（台北：大安，2007 年）。

23. 封德屏等編《2007 台灣作家作品目錄》（台南：國家台灣文學館，2008 年）。

24. 陳室如《近代域外遊記研究，1840～1945》（台北：文津，2008 年）。

25. 崔家瑜《謝冰瑩及其作品研究》（台北：文史哲，2008 年）。

26. 鄭明娳《現代散文》（台北：三民，2009 年）。

27. 王德威、陳思和、許子東主編《一九四九以後》（香港：Oxford University Press，2010 年）。

28. 古繼堂主編《簡明台灣文學史》（台北：人間，2010 年）。

29. 鄭明娳《現代散文類型論》（台北：大安，2010 年）。

30. 陳芳明《台灣新文學史》（台北：聯經，2011 年）。

（三）理論專書

1. 鄭貞銘《新聞採訪的理論與實際》（台北：商務，1966 年）。

2. 彭明輝《中國美術專題研究》（台北：台北市立美術館，1984 年）。

3. Claude Levi-Strauss 著，王志明譯《憂鬱的熱帶》（台北：聯經，1989 年）。

4. 余秋雨《藝術創造工程》（台北：允晨，1990 年）。

5. Robert Escarpit 著，葉淑燕譯《文學社會學》（台北：遠流，1990 年）。

6. Edward W. Said 著，單德興譯《知識分子論》（台北：麥田，1997 年）。

7. 王明珂《華夏邊緣——歷史記憶與族群認同》（台北：允晨，1997 年）。

8. 陳永源主編《中華文化百年論文集》（台北：國立歷史博物館，1999 年）。

9. 孟華主編《比較文學形象學》（北京：北京大學，2001 年）。

10. 廖炳惠《關鍵字 200：文學與批評研究的通用辭彙編》（台北：麥田，2003 年）。

11. 郭少棠《旅行：跨文化想像》（北京：北京大學，2005 年）。

12. Linda McDowell 著，徐苔玲、王志弘譯《性別、認同與地方——女性主義地理學概說》（台北：群學，2006 年）。

13. 趙榮等編《人文地理學》（北京：高等教育，2006 年）。

14. Joseph D. Fridgen 著，蔡宛菁、龔聖雄編譯《觀光旅遊總論》（台中：環宇餐旅顧問，2007 年）。

15. John Urry 著，國立編譯館主譯《觀光客的凝視》（台北：書林，2007 年）。

16. 蕭阿勤《回歸現實：台灣一九七○年代的戰後世代與文化政治變遷》（台北：中央研究院社會學研究所，2008 年）。

17. 龔鵬程《中國傳統文化十五講》（台北：五南，2009 年）。

18. 張曉萍主編《民族旅遊的人類學透視》（雲南：雲南大學，2009 年）。

19. 楊明賢《旅遊文化》（台北：揚智文化，2010 年）。

20. Alain de Botton 著，南治國、彭俊豪、何世原譯《旅行的藝術》（上海：上海世紀，2010 年）。

21. 楊明賢、劉翠華《觀光學概論》（台北：揚智文化，2011 年）。

22. 安然《跨文化傳播與適應研究》（北京：新華，2011 年）。

二、學位論文

1. 朱嘉雯《亂離中的追求——五四自由傳統與台灣女性渡海書寫》（中央大學中國文學研究所博士論文，2002 年）。

2. 李梅蘭《從歧異的詮釋出發——重探三毛文本》（玄奘人文社會學院中國語文研究所碩士論文，2003 年）。

3. 陳室如《出發與回歸的辯證——台灣現代旅行書寫研究（1949～2002）》（彰化師範大學國文學研究所碩士論文，2003 年）。

4. 楊翠《鄉土與記憶——七○年代以來台灣女性小說的時間意識與空間語境》（台灣大學歷史研究所博士論文，2003 年）。

5. 許珮馨《五○年代的遷台女作家散文研究》（台灣師範大學國文研究所博

士論文，2005 年）。

6. 崔家瑜《謝冰瑩及其作品研究》（東吳大學中國文學系在職專班碩士論文，2006 年）。

7. 李雅情《徐鍾珮、鍾梅音遊記散文研究》（東海大學中國文學研究所碩士論文，2007 年）。

8. 張子樟《旅行的意義——論旅行書寫之敘事與傳播行動》（政治大學新聞研究所碩士論文，2007 年）。

9. 譚惠文《台灣當代女性旅行散文研究》（東吳大學中國文學研究所博士論文，2008 年）。

10. 余恆慧《羅蘭散文研究》（台北教育大學中國語文學研究所碩士論文，2008 年）。

11. 張家琳《梁丹丰散文研究》（銘傳大學應用中國文學研究所在職專班碩士論文，2008 年）。

12. 簡培如《流動的書寫——三毛研究》（彰化師範大學國文學研究所碩士論文，2008 年）。

三、期刊報章

1. 彭歌〈蒼茫人意〉，《聯合報》（1976 年 6 月 9 日）。

2. 羅珞珈〈一伸手，就接住福氣的女人〉，《家庭》（1978 年 1 月）。

3. 張系國〈我的故鄉在遠方——張系國談《撒哈拉的故事》〉，《中國時報》（1994 年 8 月 28 日）。

4. 胡錦媛〈繞著地球跑（上）——當代台灣旅行文學〉，《幼獅文藝》第 515 期（1996 年 11 月）。

5. 胡錦媛〈繞著地球跑（下）——當代台灣旅行文學〉，《幼獅文藝》第 516 期（1996 年 12 月）。

6. 黃雅歆〈從三毛《撒哈拉傳奇》看「女遊」的潛能開發與假想〉，《台北師院語文集刊》第 8 期（2003 年 6 月）。

7. 張瑞芬〈現代主義與六〇年代的台灣女性散文〉，《逢甲人文社會學報》第 13 期（2006 年 12 月）。

8. 張永東、尚瑩〈文學與歷史的契合——論羅蘭自傳《歲月沉沙三部曲》〉，《延安大學學報》第 30 卷第 5 期（2008 年 10 月）。

四、網路資料

1. 林建農〈蘇雪林印象記〉「成功大學蘇雪林研究室」，取自 http://suxuelin.liberal.ncku.edu.tw/ActNews.asp?newsid=38。

2. 陳怡良〈皓首窮經，故紙堆中作神探——談蘇雪林教授的成就〉「成功大

學蘇雪林研究室」，取自 http://suxuelin.liberal.ncku.edu.tw/ActNews.asp?newsid=39。

3. 應鳳凰、鄭秀婷〈馳騁沙場與文學創作的不老女兵──謝冰瑩〉「五〇年代文藝雜誌及作家資料庫」，取自 http://tlm50.twl.ncku.edu.tw/wwxby1.html。

4. 「文化部」，取自 http://twh.hach.gov.tw/QAContent.action?cate=2&id=8。

5. 陸蓉之〈台灣當代女性藝術家創作風格分析〉「你好，台灣」，取自 http://www.hellotw.com/zt1/ztfl/jlzt/twhlzbj/twzjjd/200712/t20071226_317753.html。

附錄一：清代才媛〔註1〕閨閣內外的書寫與情懷——以顧太清（1799～1877）《東海漁歌》爲例

摘　要

　　空間作爲一重要的人類活動媒介而言，容受了不同時代下的不同文明活動；而文字意象的美感、文學篇什的鋪排，俱構成了活動精神的載體。本文以性別關懷爲剖析角度，以清代才媛顧太清的詞集《東海漁歌》中作者臨現於各場景的意義爲研究範圍，因詞是清代才媛書寫的文類大宗，又因詞乃作者本身文學成就之代表，是故藉由《東海漁歌》作品內容所呈現出來的空間鋪陳，諸如：空間中的人物、事況、物件等，可分析顧太清身處於閨閣、或臨登閣外的種種眞實感情。原本作爲男性發聲立言的閨閣場景，在顧太清的書寫下，呈現了許多作者沉思生命意義、或感懷友人情誼的書寫，當然其中也不乏抒怨譴愁之作；而原本多爲男性作者書寫的山水勝地，到了顧太清筆中，多成爲夫妻相攜同游的所在、姊妹情懷寄寓的場域，也由於時風的影響，在許多名寺古刹的詞句描摹裡，含蘊了顧太清面對宗教的虔敬。因此作爲女性作家的代表，顧太清的生活空間可謂頗具時代意義。

關鍵詞：清代、女性、才媛、閨閣、女性空間、女性文學、顧太清、東海漁歌

〔註1〕　據王力堅考察：「明清時期，人們將有才學、有修養並且具有一定身分地位女
　　　　性（其實也包括一些侍妾、名妓等）稱爲『才女』『閨秀』……但『才女』
　　　　之稱，側重於才學背景，『閨秀』『名媛』之稱，則側重於有修養有身分背景；
　　　　相比之下，『才媛』之謂似乎更能涵括二者合一（『才』加『媛』）的特徵。見
　　　　王力堅著：《清代才媛沈善寶研究》，臺北市：里仁，2009，頁1。

一、前言：性別空間與文化力量

　　空間一詞，向來被界定爲「自然性空間」（geographic form）與「物質性空間」（built environment），並有兩種不同傾向的分析，其一是空間的「不可孤立性」：空間是行動的媒介與結果，也是行動、思考、生產、控制等的工具，更是所有思考模式「必要的架構」或指涉架構〔註2〕，這一意涵表示任何一種「空間」必然影響任何一種型態的運作模式，而鑄成一種社會常態，進而形成特殊群體的空間意識；其二乃是強調空間「獨立自主性」：認爲人類的空間組織有其普遍的結構存在，以及一確定內在邏輯來說明空間的可知性。〔註3〕前者可能導致以分析空間內人事物之有機活動結構爲主，而脫離了空間意涵的指涉，後者亦可能成爲一封閉的抽象思維辯證，而忽視了與空間相關聯組織的權力架構。因此，完整的空間研究必須認同空間具有獨立運作意義的特質，但是又和社會文化產生息息相的互動，尤其和「人」的思想、活動密不可分。

　　Henry Lefebvre 以爲空間有許多種類，它的多樣性是難以限制及計算的，各種空間又相互糾結，並形成特定力量，與人的活動產生微妙互動。本文嘗試運用西方女性主義的地理學，欲探討性別（權力）會關係如何被反映（reflect）、被安排（arrange）、或者被框架（frame）於空間化的秩序（spatial order）之中。〔註4〕並且從中探討空間化秩序又如何反過來影響形塑性別主體與行動，而 Linda McDowell 曾云：

> 住屋（house）是生活關係的所在，尤其是親屬關係和性慾關係，它也是物質文化和社會文化交往的關鍵連結；住屋是社會位置與地位的具體標記。〔註5〕

古代封建社會對於家屋建構的分置，即嚴明地規範男性、女性之別，如《禮記》：

> 外言不入於梱。男不言內，女不言外，非祭非喪，不相授器。男子

〔註2〕黃應貴主編：《空間、力與社會》，中央研究院民族學研究所，1995年，頁2。
〔註3〕黃應貴主編：《空間、力與社會》，中央研究院民族學研究所，1995年，頁2。
〔註4〕孫瑞穗主講、陳文婷記錄、孫瑞穗校訂：〈女性主義的空間再思：從女性主義理論化中的性別/空間政治談起〉，見《婦言縱橫》第74期，臺北市：台灣大學婦女研究室，2005年，頁64。
〔註5〕Linda Mc Dowell 著，國立編譯館主譯，徐苔玲、王志弘譯：《性別、認同與地方》，臺北市：群學，2006年，頁124～125。

居外，女子居內，深宮固門，閽寺守之，男不入，女不出。

就兩性與空間而言，中國傳統家屋以堂屋後楣四分之一以後或後來的中門來劃分內外，除了儒家經典外，史書上亦有記載，如《國語・魯語下》：

> 公父文伯之母如季氏，康子在其朝，與之言，弗應，從之及寢門，弗應而入。康子辭于朝而入見，曰：「肥也不得聞命，無乃罪乎？」曰：「子弗聞乎？天子及諸侯合民事于外朝，合神事于內朝；自卿以下，合官職于外朝，合家事于內朝；寢門之內，婦人治其業焉。上下同之。夫外朝，子將業君之官職焉；內朝，子將庀季氏之政焉，皆非吾所敢言也。

所謂的「外朝」乃是季康子處理魯國國政的空間，「內朝」是處理季氏家務的空間，從敬姜之答，可以看出當時的人們具有鮮明的性別空間區別，以及在不同性別空間中的生活意識，「非吾所敢言」表示在此一空間中，女性沒有參與、分享另一區域活動的權利。

因此，女性是不是惟有在「門內」才能擁有展現自我的空間呢？作為女性活動空間的「閨閣」──似乎可以成為專屬於女性的語言符碼。《爾雅・釋宮》云：「宮中之門謂之闈，其小者謂之閨。」傳統女性的生活空間屬於宮內窄仄之處；而白居易《長恨歌》云：「楊家有女初長成，養在深閨人未識。」其中「小」與「深」所揭示的幽閟之感，暗示了男性在擁有公共領域的活動權時，卻又限定了女性生活的範圍，所謂「人未識」──更是妨害女性與他人之間往來的交際活動的證明。

然而，女性生活於深閨之中，從事何種活動？擁有什麼樣的情感呢？可惜的是，在歷代以閨閣空間作為書寫內容的作品，卻又往往掌握在男性手中。在相當長的歷史時間裡，大部分身處深閨的女性失去了自己的聲音，甚至連自我形象都成了男性文人作品中的角色。Judith Butler 認為在傳統書寫中的「我」實則只能代表單一性別的歷史與聲音：

> 女人不能使用的一人稱「大寫的我」，因為作為女人的說話者是「特殊的」（相對的、非中立的、觀點局限的）；而調用「大寫的我」假定了為普遍人類代言、最為普遍的人來言說的能力。〔註6〕

在這一文化傳統下，無論是以《楚辭》為傳統的情賦、或是自曹植以來發展

〔註6〕朱迪斯・巴特勒（Judith Butler）編、宋素鳳譯：《性別麻煩：女性主義與身份的顛覆》，上海市：上海三聯書店，2009年，頁152。

的眾多閨怨詩，都以女性作為描寫主體，並且利用了女性的閨房陳物來作為背景，諸如：珠簾、綺窗、畫閣、簾鉤、玉階……等，內容則往往書寫思婦（包括征婦、商婦、游子婦……等）的憂傷，刻劃出女子思念男子的無奈，因此閨怨作品建構了女性在感情上的被動性、以及面臨危機時的不安感，正如朱崇儀所云：

> 男詩人往往借用女性的聲音，建構（或叫喚）出思婦或怨婦的形象，（亦即古典詩中刻板的女性形象），並模擬女子思夫心切的形象，呈現出男（尊）女（卑）關係。〔註7〕

女性在中國傳統文學作品中，竟是男性霸佔了閨閣的代言主權。因此孫康宜在《文學的聲音》中提到：

> 通過虛構的女性聲音所建立起來的托喻美學，我將之稱為「性別面具」。之所以稱為「面具」，乃因為男性文人的這種寫作和閱讀傳統包含著這樣一個觀念：情詩或政治詩是一種「表演」，詩人的表述是通過詩中的一個女性角色，藉以達到必要的自我掩飾和自我表現。
> 〔註8〕

男性作家藉由女性空間、更借用女性身體的隱喻來表達自我在生活上的種種困境。因此文本中的女性並非歷史上中的女性自況，無論是透過物質性材質的擺飾、或是對於女性生活細節所觸之物的鋪演，均架構了女性閨閣的共相，因此當人們在物質基礎上活動而建構出社會關係構成的空間時，也將透過這些物質將人置於社會關係的脈絡當中，傳遞具有意義的各種力量。然而女性是否藉由自我意識、身體自主權，活動於真實的閨閣空間，並且在女性空間中形成高度自我認同的文學作品？便是本文要探討的重點。

二、清代女性空間與顧太清的生命足跡

有清一代，中國婦女的生活及其思想，隨著政治的動盪以及思潮的起伏而影響轉變，女性作家與作品的蓬勃發展，揭示了文壇的新局面，根據胡文楷《歷代婦女著作考》收錄的清代女性而言，自漢魏六朝迄於明末只得 362 家，再去其現代女作家 168 名，清代竟達 3684 家，清代女性文學大盛之因眾

〔註7〕 朱崇儀：〈閨怨詩與艷詩的主體〉，收於《中興大學文史學報》第 30 期，2000 年。
〔註8〕 孫康宜著：《文學的聲音》，臺北市：三民，2005 年。

聲紛紜，即使女性作品於其時乃處於邊緣狀態而未能進入清代文學主流〔註9〕，但縱觀中國長久以來的文學思潮，質量俱佳的女性作家作品得以進入文學場域，並且在自覺或不自覺地意識下經營「經國之大業，不朽之盛事」，仍對男性居主的文化版圖以及生活慣習造成重大衝擊。

　　然而無論是男性提倡鼓勵、抑或女性相互唱和結社，清代女性作家對於我者的書寫意識，似乎是游移不定，甚至是充滿怨艾的，因爲空間帶給女性的限制雖是一種物質性的架構，地理形式有形塑人類生活的力量，一旦成爲人們可以認定的「地方」時，便已有社會文化的形塑力及意義在內，〔註10〕清代女性對於閨閫內自身行爲的認知亦多半沿襲班昭《女誡》的傳統，無論是吳文媛〈女紅餘緒自序〉：

　　「女子之識字也，不過數千，不必墨舞而筆歌，焉用執經而難字；宜勤工於繡作，莫懶惰於饋事；閑居小閣，務針線以長持；或入中庖，和鹽梅而小試。」或者是王璊〈讀史〉：「足不踰閨閫，身未立塵俗，茫茫大塊中，見聞苦拘束。」都暗示了清代女性作家作品的書寫、編輯雖達到空前的繁榮，但是歷史的脈絡卻早已根深蒂固地限定了女性必須立身於「小閣」或「中庖」之中，從事女紅、烹作之事，並且應該遵循前人訓育，視掭管賦作、舞文弄墨爲悖德之事。Carsten Janet 和 Stephen Hugh-Jones 在 About the house 中提到身體的居所環境對於人類心靈與外在活動的形塑時，他們認爲：

　　　　住屋和身體有緊密關係。住屋是人的延伸：就像是額外的皮膚、甲殼，
　　　　或是第二層衣服，住屋不僅遮蔽與保護，也會揭露和展示。住屋、身
　　　　體與心靈持續互動，住屋的實質結構、家具裝修、社會習俗和心靈意
　　　　象，同時促成、塑造、支持與限制了在其範圍內展開的活動和觀念。
　　　　住屋在成爲思考對象以前，已經是個既成的環境，受到先前世代的塑
　　　　造與長久居住，住屋是社會化的首要作用者……。在有秩序的空間裡
　　　　穿梭，身體「閱讀」住屋，而住屋承載著有身體的人的記憶。透過習
　　　　慣與居住，每個人建立起對其文化基本架構的實際掌握。〔註11〕

〔註 9〕 王力堅著：《清代才媛文學之文化考察》，臺北市：文津，2006 年，頁 55。
〔註 10〕黃應貴主編：《空間、力與社會》，中央研究院民族學研究所，1995 年，頁 13。
〔註 11〕Carsten J. and Hugh-Jones. S.（eds）1995：About the house：Lévi Strauss and
　　　　Beyond. Cambridge：Cambridge University Press.轉引自 Linda McDowell 著，
　　　　國立編譯館主譯，徐苔玲、王志弘譯：《性別、認同與地方》，臺北市：群學，
　　　　2006 年，頁 124～125。

時至清代，我們可以發現女性正在閨閣與大塊中發現了自己矛盾的情感，雖然規格似乎是限定了女性向「外在」的「塵俗」汲取新知的權利，但是許多作家也因此漸漸走出種種歷史框架中，無論是突破身體移動範圍的規範，或是跨越意志擷取見聞的藩籬，作為與成容若相提並論〔註 12〕的作家顧太清便是一例。

顧太清是清代女性文學史中不可忽視的作家，根據張璋考據，顧太清為清初大學士文瑞公鄂爾泰之姪甘肅巡撫鄂昌的孫女，一生經歷時起時伏，大致上在十一歲前曾居住於京都，因係罪人之後，家境困難；十一歲後流落江南，無論閩、粵、蘇、杭都有她流離的蹤跡；而後在顧太清二十六歲時，偽託榮府護衛顧文星之女改為顧姓，與清高宗乾隆皇帝第五子榮純欽王永琪之孫奕繪相結合，成為側室。兩人因皆喜愛文學，藉由相互唱和傾慕而結為伉儷，兩人婚後常常杯酒酬唱、并轡郊遊，顧太清因而得以擺脫往日奔波勞苦的艱辛，登臨山水，邁向閨閣之外的廣闊空間；在奕繪元配妙華三十三歲早逝後〔註 13〕，兩人始終相互扶持，直至奕繪四十歲病故；但就在奕繪逝世三個月後，顧太清便奉婆婆之命，攜二稚子移居邸外，過著艱苦的生活，直到兒子載釗成人授爵後，生活方好轉。

縱觀顧太清一生，少小時期輾轉遷徙，又因與皇族家庭共結連理而得以盡興地遊山遍水，繼而度過長期的孤寡辛難，因此她穿梭於階層起伏極大的變異之中，人生各種境地的衰榮悲喜都藉由作者敏感的心靈與慧眼，紀錄在她所留下的文字符碼中，藉由對於《東海漁歌》中地理空間的探討，管窺顧太清的一生的生命歷程，可探索顧太清在足履不同場域中自我身分的定位以及同。必須說明的是，張璋以為顧太清正式（非練習）作詞的時間起步較晚，經判定後應為道光十四年（1834）始，時顧太清三十六歲，早期的作品有詞二十一首，其中有和宋人詞十一首，題贈吟詠詞十五首，還有一首〈賣花聲像生花〉〔註 14〕，因係試作，於情或未切，故不在考察範圍內。

〔註 12〕清代文學批評王鵬運以「男中成容若，女中太清春」評價太清詞作，成容若即納蘭性德。
〔註 13〕妙華於嘉慶三年（1798）生，奕繪、顧太清俱為嘉慶四年（1799）生，因此妙華長於兩人一歲。
〔註 14〕顧太清、奕繪著，張璋編校：《顧太清、奕繪詩詞合集》，上海市：上海古籍出版社，1998 年，頁 735。

三、《東海漁歌》中的閨閣書寫

（一）閑居雅閨的悠然生命

顧太清詞作中有大量比例都是在書寫自我生命的種種情懷，在四季的感染下，女性於自己空間中的觀照也會因不同自然風物有不同情懷，正如〈詩品序〉云：「若乃春風春鳥，秋月秋蟬，夏雲暑雨，冬月祁寒，斯四候之感諸詩者。」作者自覺結合了空間與時間發展的因素，省思自己的幽居情懷時，便作了〈浣溪紗四時閨詞〉組詩（卷六），可管窺其生活片段：

> 楊柳絲牽春日遲，小樓人困落花時。枕痕自向鏡中窺。簾幕綠陰風蕩蕩，秋千紅索影垂垂，一聲清脆轉黃鸝。
>
> 一局棋消夏日長，林蘭初放滿盆香。輕羅小扇引微涼。花外斜陽蝶曬粉，簾前軟語燕窺梁，蘭湯浴罷晚梳妝。
>
> 爽氣宜人秋日清，銀床落葉嫩涼生。閒邀女伴試瓜燈。灼灼流螢深院靜，纖纖新月一鉤明。蜘蛛乞巧祀雙星。
>
> 六出花飛冬日寒，金鑪撥火柱沉檀。一杯清茗啜龍團。梅蕊迎風香細細，竹梢壓雪葉攢攢。〔註15〕

無論是春日的繽紛、夏長的微涼、秋色的清爽、或寒冬的梅雪，待於閨中的顧太清，都可細膩地觀察到我者與環境間細膩的互動。作者擅長運用視覺的摹寫，營造出一色彩繽紛的生活空間，如春有綠陰垂柳和秋千紅索、秋有明月一鉤及灼灼流螢……皆顯得太清生活的閒適自得。除了視覺的呈現，顧太清也運用了聽覺的享受來訴諸獨居閨中的閒適，如春有黃鸝清鳴、下有燕梁軟語，更伴作者在居處期間尚得以與自然天籟相互交映，大塊假予閨中之樂油然可見。然而作者也進行了許多相應於時節的休閒活動，增添閨中樂趣，如春可懶眠、夏宜奕棋、秋提瓜燈、冬適品茗，清代才媛的閑居幽情於焉可見。

（二）窗畔欄前的思遠懷人

前面提及，男性文人在作創作閨詩詞時——尤其是落魄文人，往往容易藉女子以標示己身遭遇，建構兩性中主導與服從、主動與被動的互動——即政治上的君尊臣卑的關係，以顯示自己追流裡想時自憐的寄託；然而試觀顧

〔註15〕顧太清、奕繪著，張璋編校：《顧太清、奕繪詩詞合集》，上海市：上海古籍出版社，1998 年，頁291。

太清詞作中，卻有許多相當特別的書寫，如〈欄干萬里心聽雨憶雲林〉（卷三）：

窗前新綠種芭蕉，夜雨聲聲枕上敲。因不成眠轉寂寥。耐清宵，有
美人分不可招。〔註16〕

題目上明顯地標記了這闋詞是在雨中思念友人之作，作者直接化用了男性文人
筆下的「美人」意象，直指姊妹雲林，扭轉了文學傳統中虛假的女性角色，構
成眞實的人物形象。所謂「香草美人之思」是在《楚辭》系統中建構而得，香
草（女性）——君子的化身，等待美人——君王（男性），有道德之人——之尋
求；此比喻並形成了臣子的政治理想。因爲這類擬女化的口吻能將君臣的關係
轉化爲較爲人所熟知的男女關係，而構成「託物寫志」的傳統。〔註17〕因此顧
太清藉著自身在窗前、枕上等實體定點，讓物化的女性客體演變成一可思、可
憶、可傳情的眞實對象，並且讓原本擬喻的男女關係跳躍成爲女性情誼。

又如〈杏花天同游南谷，雲林妹先返，悵然賦此〉（卷三）：

倚樓目送人歸去，望不盡、杏花深處。香車轉過山前路，苦被垂楊
遮住。方七日、唱予和汝。匆匆返、去而不顧。雖云小別愁難訴，
彼此相思情互。〔註18〕

此係顧太清與許雲林遊賞畢後，返閨有感所作，「倚樓」的動作在傳統閨怨作
品中，亦往往具有性別角度的單一性，通常表達「女性等待男性」的渴盼，
然而在顧太清的主體意識下，她珍惜與同性朋友的相處光陰，即便是短暫分
別，也熱切地傾吐自己依賴對方的心聲。

（三）闌前窗畔的傷春惜時

〈太常引人日立春〉（卷三）創作的背景是立春時節，在「流光似水，風花
無定」的氛圍中，對鏡的顧太清細緻地摹繪了自己在時光遞嬗下的外貌變化：
即使經過打扮而「金釵並懸」，作者對鏡自攬，也不得不哀憐自己「羞向鏡中
看，衰容現、絲生鬢邊」（卷一）〔註19〕的早衰。然而除了春至因增歲而感傷，

〔註16〕顧太清、奕繪著，張璋編校：《顧太清、奕繪詩詞合集》，上海市：上海古籍
出版社，1998年，頁234。

〔註17〕朱崇儀：〈閨怨詩與艷詩的主體〉，收於中興大學《文史學報》第30期，2000
年。

〔註18〕顧太清、奕繪著，張璋編校：《顧太清、奕繪詩詞合集》，上海市：上海古籍
出版社，1998年，頁230。

〔註19〕顧太清、奕繪著，張璋編校：《顧太清、奕繪詩詞合集》，上海市：上海古籍
出版社，1998年，頁189。

每春去之際，也引起了閨中太清的時光飛逝之感，如〈壽樓春暮春〉（卷四）便無奈地也只能「輕送芳菲」並感嘆「倚欄干幾曲，心與時違」〔註20〕；又〈江城子落花〉（卷四）中便云：「花開花落一年中，惜殘紅，怨東風」，春去匆匆之感便使得太清感嘆「倚遍欄干難遣興，無端底，是游蜂。」〔註21〕，又或如〈前調〔註22〕恨次屏山韻（一）〉（卷四）：「拍遍欄干，立來花下。怕春歸去催花謝。」〔註23〕也是在莫春時節對於年華早衰的傷慟情懷。顧太清往往選擇憑欄懷想，欄干因此成為空間中一種「阻絕」、「隔閡」的象徵物，似是作者面對自己過往消逝的年華時，也只能無奈地停駐腳步、揮別過往。

然而，在感傷春天以及自我生命之際，顧太清也在她的生活空間中留下了許多灑脫不羈的生命跡痕。如〈步蟬宮至日〉（卷二）中，作者在「黃中律呂吹葭管，漸風日、陽和向暖。」的氛圍下，以「詩書香相對坐晴窗。」窗外佳音佳景似乎擾亂了她的思緒，因此「看野馬，紛紛過眼。」任憑時間在無聲無息中最易消去，然而作者並未趕緊回神專注於自己的閱讀中，反而自道「自知不共世人妝，何必問、畫眉深淺。」〔註24〕而「畫眉」是古代婦女呈現其嫵媚姿容的的點睛之筆，代表知識地位的「詩書」以及代表女性美感的「畫眉」於詞中同時並列，足見太清在擇取意象時的巧妙，似乎意味著「才」與「貌」二者在作者心中的隨性灑脫。又如〈一叢花題湘佩《鴻雪樓詞選》（一）〉（卷三）：

> 雪泥鴻爪舊遊蹤，南北任飄蓬。花簾昔有吟詩侶。〔註25〕喜天游、邂逅初逢。彩筆一支，新詩千首，名中浙西東。哀而不願宛從容，珠玉粲櫳瓏。鴛鴦繡了從君看，度金鍼、滅盡裁縫。大塊文章，清奇格調，不減古人風。〔註26〕

〔註20〕 顧太清、奕繪著，張璋編校：《顧太清、奕繪詩詞合集》，上海市：上海古籍出版社，1998年，頁248。

〔註21〕 顧太清、奕繪著，張璋編校：《顧太清、奕繪詩詞合集》，上海市：上海古籍出版社，1998年，頁251。

〔註22〕 指〈踏莎行〉

〔註23〕 顧太清、奕繪著，張璋編校：《顧太清、奕繪詩詞合集》，上海市：上海古籍出版社，1998年，頁264。

〔註24〕 顧太清、奕繪著，張璋編校：《顧太清、奕繪詩詞合集》，上海市：上海古籍出版社，1998年，頁223。

〔註25〕 張璋註曰：謂吳蘋香女士。

〔註26〕 顧太清、奕繪著，張璋編校：《顧太清、奕繪詩詞合集》，上海市：上海古籍出版社，1998年，頁245。

筆者以為顧太清借用了蘇軾「雪泥鴻爪」之典故，實有意以藉東坡風骨入詞，
然而詞的後半闋又借用了女性閨閣中常見的「花簾」之景以及「繡鴛鴦」的
動作，讓豪放與婉約共同映照，呈現出顧太清既細膩又寬宏的書寫格局。有
研究者讚之曰：「太清用最女性情事的述寫，招示最深沉最豐厚的生命思維，
既是巧思，頁讓內在意志的堅韌力道在盈滿整闋詞作之餘，順勢豐富並提升
詞作的內蘊精神」〔註27〕，然而與顧太清同時的詞論家況周頤卻刪卻此闋作
品，其中矛盾不得而知。

四、《東海漁歌》中的閫外世界

（一）登山臨水下見鶼鰈情深

同是清代才媛的駱綺蘭〔註28〕於《聽秋館閨中同人集》序中曾云：

> 女子之詩，其工也，難于男子。閨秀之名，其傳也，亦難于才士。
> 何也？身在閨中，見聞絕少，既無朋友講習，以淪其性靈，又無山
> 川登覽，以發其才藻。〔註29〕

自駱綺蘭的作品中，除了可以了解到女性在長期的閨閣之限下，難以憑文傳時
傳世外，更可以進一步確認：女性已自覺到，在走出閨閣之外後，能夠使自我
才賦增長的空間，則非山水莫屬。歷代的中國文學家之所以能夠創作出名留青
史的佳作，實頗多得力於山水之助，蘇轍〈上樞密韓太尉書〉便云：「居家所與
游者，不過其鄰里鄉黨之人，所見不過數百里之間，無高山大野，可登覽以自
廣。百氏之書雖無所不讀，然皆古人之陳述，不足以激發其志氣。恐遂汨沒。」
因此決定「過秦漢之故鄉，恣觀終南、嵩、華之高；北顧黃河之奔流，慨然想
見古之豪傑。」只有意識到自我生活範圍的侷限將導致文學胸襟與視野的狹隘，
創作主體才會自覺性地走出居處空間的限制，尋求其他場域的開拓。

在長期的中國文學山水書寫中，山水這一「自然性空間」（geographic form）
一向被單一性別所定義與建構，正如明代張岱所云：「古人記山水手，太上酈
道元，其次柳子厚，近時則袁中郎。」在不同時期中的山水佳景書寫中，一

〔註27〕 張雅芳著：《文學生命的建構——顧太清及其詩詞研究》，頁106。
〔註28〕 轉引自王力堅著：《清代才媛文學之文化考察》：「孫康宜曾將駱綺蘭譽為袁門
女弟子中首屈一指的『女性主義者』（foremost "feminist"）」，臺北市：文
津，2006年，頁16。
〔註29〕 轉引自胡文楷著：《歷代婦女著作考》，上海市：上海古籍，1985年，頁939
～940。

向只有男性擅場，但在清代，女性隨宦遊已頗為普遍，〔註 30〕在許多機會中走入自然並得以書寫。

顧太清在婚後亦常常與奕繪相結出遊，如〈浪淘沙春日同夫子遊石堂，迴經慈溪，見鴛鴦無數，馬上成小令〉（卷二）：

> 花木自成蹊，春與人宜。清流荇藻蕩參差。小鳥避人棲不定，飛上楊枝。歸騎踏香泥，山影沉西。鴛鴦衝破碧煙飛。三十六雙花樣好，同浴清溪。〔註 31〕

詞中作者選擇了細緻又精巧的物件，構築一典雅的空間，來表現夫妻相偕同遊的興致及遊賞趣味，如花木小蹊徑、荇藻蕩漾的水流、鳥兒棲息的楊枝。傳統男性建構的山水中，無論是柳宗元筆下「悠悠乎與灝氣俱，而莫得其涯！洋洋乎與造物者遊，而不知其所窮！」（〈始得西山宴遊記〉）的西山，或是袁宏道那「湖光染翠之工，山嵐設色之妙」的西湖（〈晚遊六橋待月記〉），作者往往選擇較大範圍的空間作書寫，運用的也是全觀的視野；另外，男性作品中，也往往都是作者獨與空間對晤而逕自領會之作，顧太清能夠將兩性的互動鋪演在自然的場域上，將兩人「同浴清溪」的夫妻情愛展示在細膩的文字之中，更是凸顯了人情與物理交融之美。

另外如〈鷓鴣天上巳同夫子遊豐臺〉（卷二）：「南郭同遊上巳天，小橋流水碧灣環。海棠婀娜低紅袖，楊柳輕盈蕩綠煙。花艷艷，柳翩翩，斷魂花柳又春殘。夕陽影裡雙飛蝶，相逐東風下菜田。」〔註 32〕中，憑藉著小橋流水江南風光的書寫，作者用雙飛蝶暗示夫妻兩人形影不離的情深意摯，雖然時值春殘之際，但是卻不影響作者與丈夫同遊之樂。

（二）訪花尋芳中探姊妹情誼

在顧太清的詞作中，有大量的姊妹共遊相和之作，道光十六年（1836）左右，顧太清由於社交面的擴大，交了一批女友，如雲姜、雲林、紉蘭、珊枝、素安、金夫人、徐夫人等。〔註 33〕顧太清與才媛姊妹相約外出，以賞花

〔註 30〕王力堅著：《清代才媛文學之文化考察》，臺北市：文津，2006 年，頁 150。

〔註 31〕顧太清、奕繪著，張璋編校：《顧太清、奕繪詩詞合集》，上海市：上海古籍出版社，1998 年，頁 211。

〔註 32〕顧太清、奕繪著，張璋編校：《顧太清、奕繪詩詞合集》，上海市：上海古籍出版社，1998 年，頁 212。

〔註 33〕顧太清、奕繪著，張璋編校：《顧太清、奕繪詩詞合集》，上海市：上海古籍出版社，1998 年，頁 738。

為多，花景之境是許多女性社交的重要場所，女性也會不自覺地以自身命運比擬花卉〔註34〕，以花卉的形象代己立言，因此彼此姊妹遊賞的花圃也植下作者一生與同伴情誼的寫照。

在早期作品中，〈好事近 三月十五，仍同雲姜、紉蘭，素安、金夫人、徐夫人過棗花寺看牡丹，是日花尚含苞，更約十日後同賞。遂占小令，先記雲、蘭兩妹〉（卷二）中作者自道因花尚未全開，因此相約十日後再來遊賞云：「匆匆古寺暫分襟，執手更相約。十日重來恰好，定看花南郭。」〔註35〕，因此有了〈玉樓春 廿四日，仍同雲姜、紉蘭，素安、金夫人、徐夫人過棗花寺看牡丹，因前日風雨，花已零落殆盡〉（卷二）之作，但又因錯過花期而無緣目睹：「風前弱絮吹成陣，欄外綠陰經雨潤。回頭一笑囑花王，來歲花開仍過問。」〔註36〕然而無論是〈好事近〉或〈玉樓春〉，作者面對自然的物候變化，心中皆充滿期許喜悅之情，即使當下未盡賞花之樂，都抱持著一份期許來年的希望。又如〈飛雪滿群山 十五雪後，同諸姊妹天寧寺看唐花，望西山積雪，分韻〉（卷二）：

> 銀海搖光，玉山霏素，平臨萬景煙村。嫩楊枝上，青簾高掛，飛來一縷春痕。妙相聲佛宇，恍行入，桃源洞門。花光照眼，花香染袖，花底醉游人。禪院裡，同登歡喜地，倚明窗西望，笑語欣欣。雲箋佳句，朱絃法曲。何殊桃李春園。良辰容易過，且消受、香溫酒溫。夕陽纔沒，半城涼月天未昏。〔註37〕

唐花乃為牡丹花，作者在冬日雪後與姊妹再度相約賞花，其於冬去春來的欣喜洋溢字表，整闋詞流露出洞天福地裡的歡聲笑語，甚至連用三個「花」字來表達對於牡丹的憐愛，即使良辰易逝，但作者卻仍沉浸於花與酒編織而成的美好天地中。

時至咸豐四年（1854），顧太清年 56 歲，在這期間，與屏山相從甚密，

〔註34〕 如熊璉因所嫁非耦，便有〈金縷曲〉：「薄命千般苦！極甚哀，生生死死，情癡何補。多少幽貞人未識，蘭消蕙息荒圃。埋不了，茫茫黃土。花落鵑啼淒欲絕，剪輕銷，那是招魂處。靜裡把，芳名數。」將荒圃比作自身衰殘的命運。

〔註35〕 顧太清、奕繪著，張璋編校：《顧太清、奕繪詩詞合集》，上海市：上海古籍出版社，1998 年，頁 213。

〔註36〕 顧太清、奕繪著，張璋編校：《顧太清、奕繪詩詞合集》，上海市：上海古籍出版社，1998 年，頁 213。

〔註37〕 顧太清、奕繪著，張璋編校：《顧太清、奕繪詩詞合集》，上海市：上海古籍出版社，1998 年，頁 225。

贈答為多，然而許是年華增添，作者登山臨水之際，往往以菊花作為觀看對象，如〈滿江紅九日屏山、湘佩招遊憫忠寺〉（卷六）或是〈畫屏秋色屏山邀看菊〉（卷六），皆是不同於早期的「牡丹」「海棠」，值得注意的是，顧太清於此時作品，雖以單登山臨景、相互結遊為題，卻不見遊賞之樂，反而呈現出明顯的感傷消頹情懷，因此，雖然作者云「喜良友、相邀消遣」，但驅車直至古寺後卻不見黃菊，徒剩「敗葉凋傷零落舞，殘碑剝蝕摩娑看」，因作者在返閨後獨自思量、沉澱著過往與姊妹同游之景，不得不興起物是人非事事休之慨了：「剎那頃，韶光煥。憶舊游重到，臨風自歎。回首竟成今昔感」〔註38〕；因此即使山景「嫩碧嬌黃，淡紅濃紫，最是細玲瓏處，淺深相映。」但作者卻在如此景致下無心觀覽，只得云：「者般風景，依依良夜，漏傳酒醒」，最後不得不承認心懷之紛亂：「愧作客、新詩未成，空負紅燭冷。壁上稿、重再省，欲寫出半神，年來心緒不定，且把秋容慢咏。」〔註39〕

此外，〈臺城路六月廿六，雲姜招遊尺五裝看荷花。是日許金橋即席題詞（一），遂用其韻）〉（卷一）一詞較為特別，題目雖云賞荷，然而上闋中卻圍繞荷池外圍描述，並未直接寫荷：「聽一片蟬聲，綠陰不斷。點水蜻蜓，飛來飛去繞花滿。」反而是下闋中「登山林水寄興，歎茫茫千古，多少恩怨！」〔註40〕其中藉由陟登高山興起了一份對於古史的關懷與感嘆，是女性作家走向山水之際，心胸也隨之開闊的表徵，抹除了歷代男性作家所作閨帷後的刻板面容，因著登高而興起的古今興亡之感也可以有女性的聲音。〈西江月秋日遊鯰魚關，四十年風景變遷，得不有感〉（卷六）中，顧太清更藉由「宛轉長城如帶，崎嶇樵徑斜道」的登臨中，結合對於時間的感受，賦予空間深沉的生命意識：「四十年來一夢」〔註41〕。

（三）訪寺參禪裡尋心靈寄託

在諸多戶外參訪的作品中，有許多顧太清訪寺參禪的蹤影，如：〈祝英台近潭柘龍潭，用吳夢窗韻〉（卷三）中先點出「古松陰，幽澗底，流水漱山股」的澹

〔註38〕顧太清、奕繪著，張璋編校：《顧太清、奕繪詩詞合集》，上海市：上海古籍出版社，1998年，頁292。

〔註39〕顧太清、奕繪著，張璋編校：《顧太清、奕繪詩詞合集》，上海市：上海古籍出版社，1998年，頁293。

〔註40〕顧太清、奕繪著，張璋編校：《顧太清、奕繪詩詞合集》，上海市：上海古籍出版社，1998年，頁198。

〔註41〕顧太清、奕繪著，張璋編校：《顧太清、奕繪詩詞合集》，上海市：上海古籍出版社，1998年，頁297。

然氛圍，而飛鳥便於其中自來自去，在縹緲的山巒峰壑間，作者「平臨佛刹巍峨」後只聽得「鐘聲初起，梵音散，諸天花雨。」〔註42〕並以之作結，使佛教莊嚴寧肅的氛圍貫徹於終，亦貫徹於顧太清的生命體；又如〈前調東觀音洞〉（卷三）：

> 斜陽乍轉夕陰結，觀音古洞寒泉冽。黃葉擁禪關，山僧終日閒。石
>
> 橋通曲徑，樹梢棲鳥定。修行暗森森，悠然淨客心。〔註43〕

在斜陽氛圍下，觀音洞周遭呈現一片安詳寧謐之感，詞中的石橋曲徑、鳥棲樹定等靜態景物的陳列，使得通篇流露出修行人心靈的貞定與依歸，正如詞中揭示的「閒」「定」「淨」，雖然清代禁止婦女拜廟朝香〔註44〕，但經文、寶卷以及居士佛教的流行，才媛對於佛教信仰文化並不陌生；到了清代中後期，女性訪寺參禪的情況相當普遍，研究清代才媛的王力堅認爲「宗教信仰無疑也給女性（尤其是上層社會的女性）帶來某種具有積極性的意義」〔註45〕

五、結語——我立故我在

雖歷史沉重的包袱加諸己身，然而許多女性已不再滿足於傳統的逡巡婉娩的附庸地位，開始自覺地爭取「立言」的權利，且不再諱言「不朽」的欲望，〔註46〕如孫蕙媛：「予竊慨紅樓之媛，綺紈朱翠，其於縹緗弗嫻也；綠窗之女，織素流黃，其於泓穎未習也。即沉香亭畔，堪艷千古，而傾國玉環，曾不能流連情景，垂傳片語，僅僅召青蓮一爲捧硯。設遇班姬梅媛，湘管頻濡，雪兒曼詠，自添一段佳話，必步寂寂乃爾」便爲一例。是故當清代才媛走了文學領域時，自覺立於閨閣之中，女性的生活變得以突破窄仄的單一視角，而有了更真實、更直觀的的書寫。

另一方面來說，語言所具有的作用於身體與空間的權利，是性別壓迫的

〔註42〕顧太清、奕繪著，張璋編校：《顧太清、奕繪詩詞合集》，上海市：上海古籍出版社，1998年，頁242。

〔註43〕顧太清、奕繪著，張璋編校：《顧太清、奕繪詩詞合集》，上海市：上海古籍出版社，1998年，頁243。

〔註44〕順治、康熙、雍正、乾隆等皇帝君曾頒布禁令，見何素花〈清代士大夫與婦女——以禁止婦女宗教活動爲中心〉，收於《清史研究》，北京市：清史研究編輯部，2003年第3期，頁62～72。

〔註45〕王力堅著：《清代才媛文學之文化考察》，臺北市：文津，2006年，頁80。

〔註46〕陳玉蘭：《清代嘉道時期江南寒士詩群與閨閣詩侶研究》，北京市：人民文學出版社，2004年，頁95。

另一原因，但同時語言卻也是超越這層壓迫的途徑，因此清代女性在書寫空間時，在自覺或不自覺的過程中，運用了傳統語境上文字象徵的力量，而重新建構起中國文學史、書寫史上的異聲。《東海漁歌》中，閨閣闈內於是成為顧太清自我對晤的心靈場所，而山水花間則成了顧太清與他者構結社交情感的重要空間——包含與丈夫的相結共遊、與姊妹的相應唱和。

自是，顧太清以其自身詞作，呈現了一位皇族女眷的身分與生活，在自由書寫的情懷中，鉅細靡遺地暗示了她對於感情的悲喜、對於個人生命的展顧、對於家國社會的關懷，是以清代女子得以真正地立身於自己的房間〔註47〕，寫下在閨房中的心靈點滴，賦予女性空間嶄新的樣貌改，寫了歷代文本中女性那虛幻的空洞影像；在與男性伴侶的相互依偎、與女性伴侶的相互扶持下，她踏出房門，走入不一樣的空間，開拓不一樣的視野，並且用各色彩筆書寫其中的萬象景觀，以及面對空間中我者感情的各種意義，透過全新視角搜覽自然萬象、定義山水大地。清代女性跨越閨閣空間限制，走向原本只有男性主導書寫的山水領域。

《文心雕龍》物色篇所謂「山林皋壤，實文思之奧府，略語則闕，詳說則繁。然屈平所以能洞監風騷之情者，抑亦江山之助乎！」除了用七竅感官承接山林風氣薰染，人體的重要性最主要的還是在於其主體性能為個別不同的目的而轉變同質性空間，並從事不同的空間建構，〔註48〕女性走進了自然空間的領域，大篇幅的描摹的確開拓了書寫內容了另一境地。正如太清己詩所云：「巾幗英雄異俗流，江南江北日任遨遊。蕭條行李春明路，半載新詩半載仇。」——走遍人間南北、用一雙巾幗慧眼，為清代才媛銘刻了新時代的身體定位。

參考書目

一、專書（按出版年代）：

1. 胡文楷著：《歷代婦女著作考》，上海市：上海古籍，1985 年。
2. 黃應貴主編：《空間、力與社會》，中央研究院民族學研究所，1995 年。

〔註47〕語出英國維金尼亞‧吳爾芙（Virginia Woolf，1882~1941）：自己的房間（A Room of One's Own），吳爾芙是英國小說家、散文家及文學評論家，作品風格以細緻微妙見長，並奠定女性主義文學及現代文學雛形。該書對於自我書寫的空間與意義作精闢的闡述。

〔註48〕黃應貴主編：《空間、力與社會》，中央研究院民族學研究所，1995 年，頁 3。

3. 顧太清、奕繪著，張璋編校：《顧太清、奕繪詩詞合集》，上海市：上海古籍出版社，1998 年。

4. 陳玉蘭：《清代嘉道時期江南寒士詩群與閨閣詩侶研究》，北京市：人民文學出版社，2004 年。

5. 王力堅著：《清代才媛文學之文化考察》，臺北市：文津，2006 年。

6. Linda McDowell 著，國立編譯館主譯，徐苔玲、王志弘譯：《性別、認同與地方》，臺北市：群學，2006 年。

7. 朱迪斯・巴特勒（Judith Butler）編、宋素風譯：《性別麻煩：女性主義與身份的顛覆》，上海市：上海三聯書店，2009 年。

8. 王力堅著：《清代才媛沈善寶研究》，臺北市：里仁，2009 年。

二、學位論文

1. 張雅芳著：《文學生命的建構——顧太清及其詩詞研究》，臺中縣：東海大學，2003 年。

三、期刊論文

1. 《中興大學文史學報》第 30 期，2000 年。

2. 《清史研究》，北京市：清史研究編輯部，2003 年第 3 期。

3. 《婦言縱橫》第 74 期，臺北市：台灣大學婦女研究室，2005 年。

附錄二：一代中國的離散──夏志清史筆小說學：再論白先勇《臺北人》的悲憫情懷

摘　要

　　作為二十世紀的文學經典，白先勇的《臺北人》具有劃時代的文學指標意涵。《臺北人》有濃厚的歷史背景、鮮明的人物塑寫，更具有警戒人心、引發同情的悲憫意識。具有深沉歷史眼光的現代小說評論家夏志清曾經標榜該書的價值，藉由夏志清的批評態度為基礎，輔以劉俊對於白先勇其人其文的研究，《臺北人》十四篇短篇小說中有挖掘不盡的人文關懷。以時代亂離作為背景，居處臺北的舊時代人物與新時代人物之間因相逢而共敘聚散興衰，讀者更可藉白先勇所刻劃的恆常意象，窺見歷史動盪下或興起、或衰敗的種種痕跡，這一些因固守過往而最終孤、殘、疾、弱、亡……的人們是白先勇著意描寫的重要角色，他們的選擇著實令人動魄驚心，卻也因此引逗著讀者思考人生深味，這一層迴盪在人心的感觸即是白先勇心中因悲憫情懷而創作的最終意旨。

關鍵詞：白先勇、臺北人、夏志清、悲憫、小說、離散

一、前言：從夏志清小說批評觀開始

　　作爲一位專業的小說批評家，夏志清無疑是白先勇短篇小說的伯樂。自
1958 年白先勇在《文學雜誌》發表第一篇小說〈金大奶奶〉起，已有魏子雲、
隱地、歐陽子、姚一葦、林柏燕⋯⋯等人撰文討論，其後夏志清根據白先勇
於 1969 年前發表的二十四篇小說〔註1〕，更在〈白先勇論〉〔註2〕中稱譽其
文學才華，奠定了白先勇早期的文壇地位。夏志清憑藉著獨具之慧眼，評論
中國 1917-1957 年代的中國小說，因此著成《中國現代小說史》而聞名於世，
他所拈出的許多重要批評觀點，至今仍在文壇發揮莫大的影響力，諸如對於
張愛玲、錢鍾書之肯定，或是對於魯迅、老舍之貶抑⋯⋯等，將中國現代小
說家的重要性重新排定了異於眾聲之順序，因爲夏志清能夠跨越時代眼光的
藩籬，超越族群政治的宥限，而獨以「藝術性」作爲評判文學作品的標準；
他秉著對於文學史經典之自覺，肯定白先勇「當代短篇小說家中少見的奇才」
〔註3〕，因此本文將以夏志清之文學史觀作爲基礎，重新對今日現代文學經典
《臺北人》進行討論，而本文選用之文本將異於夏志清所見之二十四篇短篇
小說，獨以爾雅出版社發行之《台北人》爲主，共計十四篇。此外，作爲一
位專業的小說家，白先勇固然尚未架構完整的小說理論，然而他在《明星咖
啡館》、《樹猶如此》、《驀然回首》⋯⋯等個人著作、或其他對話訪談中，均
發表了許多創作小說的思辨歷程、或是創作意識等。夏志清與白先勇兩人，
一爲小說評論家、一爲小說作者，兩人都曾經留學美國、學習新知，在執筆
爲文的時代背景上，兩人均是在國家憂患重重的時代產生了他們一生中相當
重要的作品，並且使他們在文壇上占有一席之地。夏至清在 1952-1955 這三
年期間，因洛克斐勒基金會之贊助，使他在得以在海外撰寫成名作《中國現
代小說史》（A Hisory of Modern Fiction）；白先勇則是在 1965 年至加州大
學聖芭芭拉分校任教中文開始，撰寫了《臺北人》的第一篇——〈永遠的尹
雪艷〉，此後一直到 1971 年止，計十四篇短篇小說，由晨鐘出版社集結出版。

〔註1〕包含收於《寂寞的十七歲》各篇小說，以及收於《臺北人》中的〈永遠的尹
　　　雪艷〉、〈一把青〉、〈遊園驚夢〉、〈梁父吟〉、〈那血一般紅的杜鵑花〉、〈金大
　　　班的最後一夜〉等 5 篇，還有收於《紐約客》的〈謫仙記〉、〈謫仙怨〉等 2 篇，
　　　共計 24 篇。
〔註2〕該文本命名爲〈白先勇論〉，其後改名爲〈白先勇早期的短篇小說——《寂寞
　　　的十七歲》代序〉
〔註3〕白先勇：《寂寞的十七歲》，臺北市：允晨文化，2009，頁8。

他們對於小說創作皆有許多相似的觀點。就文學與時代互動的觀念而言，夏
至清認為：

> 能夠站穩立場，不為流行意識形態所左右的作家實在不多。……中
> 國現代作家鮮少有人能超越其時代背景的思想模式的。〔註4〕

意即真正有審美道德的作家必須是能夠超越當代環境限制，並在作品中呈現
跨越時空的價值，書寫政治權力下不可避免的道德課題，白先勇也認為「小
說的高下不能以當時的社會意義來決定。」〔註5〕夏至清因戰亂羈留海外，白
先勇因留學而關懷中國，兩者都在中西文化衝突中思索文學的前途、並決定
轉身關注自己的中華傳統，並試圖調合文學、歷史與國家間的關係，以至對
中國文化產生了感憂、憐憫之情懷，江寶釵更肯定：

> 在放逐感、宿命感之外，使命感也是白先勇小說的主題之一。而感
> 時憂國傳統更不可忽略。〔註6〕

「感時憂國」一詞原是夏至清所拈出的中國現代小說特質，在江寶釵的
分析中，更縮合了夏志清與白先勇相似的小說價值觀。而「悲憫情懷」一詞
最初在 1995 年 11 月由中國大陸劉俊提出，並以《悲憫情懷——白先勇評傳》
作為書名，在爾雅出版社付梓刊印。該書除自序外，可分成六個部分〔註7〕，
第一章藉由分析白先勇的思想底蘊、文學觀念、藝術特質等要素，作為切入
白先勇小說的基礎，並在接續的第二至第六章等五個節目來開展理論，在劉
俊的研究中認為：

> 當初他開手創作《臺北人》時，原本就是要在「歷史」的回顧中施
> 展自己的藝術才華並全面地表現自己的思想觀念體系，因此「歷史」
> 實際上已成為他充分闡發自己「命運觀念」的一個基本載體。〔註8〕

〔註4〕 夏志清著，劉紹銘等譯：《中國現代小說史》，上海市：復旦大學，2005，頁
16。

〔註5〕 白先勇：《驀然回首》，臺北市：爾雅，1978，頁 122。

〔註6〕 江寶釵：《白先勇與台灣當代文學史的構成》〈從白先勇現象探測台灣文學研
究的潮流〉，臺北市：駱駝，2004，頁 15。

〔註7〕 第一章：以人為核心構築自己的藝術世界——白先勇個體特徵性分析、第二
章：「求人格與思想的獨立」與「情感渴求的艱難」——1958～1962 年的短篇
小說、第三章：「生存的迷惘和困惑」與「放逐的哀痛和歌哭」——1964～1965
的短篇小說、第四章：「對命運的感悟和思索」與「歷史流變的滄桑」，《臺北
人》、第五章：「心靈的獨白和辯解」與「道德的反思和重鑄」，《孽子》、第六
章：「大中國意識的強化」與「批判二十世紀秦朝暴政」，《夜曲》和《骨灰》。

〔註8〕 劉俊：《悲憫情懷：白先勇評傳》，臺北市：爾雅，1995，頁 310。

本文將延續劉俊先生的論點，從他所肯定的「歷史——命運」作為出發點，以歷史事件做為人物展演的背景，進一步探賾在歷史與空間交錯的場景中，人與人之間是如何重新相聚而回首離散，並且產生自我認同之焦慮與憂心，以見證白先勇筆觸中顯露的悲憫情懷。

二、舊時中國燕，飛入臺北城——變異的時與空

濃厚的歷史感一向是討論到白先勇短篇小說不可避免的主軸意識，夏志清指出白先勇處理題材之方向及成果，早已奠定了《臺北人》研究的基本方向：

> 他交代他們的身世，記載他們到台灣或美國住定後的一些生活片
> 段，同時也讓我們看到了二十年來大陸淪陷後中國人的精神面貌，
> 《台北人》甚至可以說是部民國史〔註9〕

夏志清亦認為白先勇在二十五歲前後（到美國以後），被一種「歷史感」所佔有，一變早期比較注重個人好惡、偏愛刻劃精神面貌上和作者相近似的人物的作風。〔註10〕至於白先勇本身是否承認呢？其實他也曾提及：「現在的作品缺少了歷史感，內容便顯得淺薄。」〔註11〕因此對於小說歷史背景之重視一向是研究《臺北人》系列不可避免的議題，對於此議題的評論，余秋雨的見解頗為中肯：

> 我可能不很贊同從這樣一個角度去理解《臺北人》與歷史的關係。
> 如果說《臺北人》是歷史，那也是一部人格化的歷史，一部讓小說
> 人物、作者、讀者一起進入一種渾沌感悟的歷史，而不宜以歷史學
> 的眼光去精確索引和還原。〔註12〕

因此歷史的架構只能作為考察、理解小說的基礎，而不宜成為對應史實的記錄。米蘭·昆德拉（Milan Kundera，1929-）所言甚佳：「小說不是要檢視現實，而是要檢視存在。」〔註13〕是故，歷來解釋《臺北人》的諸論也呈現紛呈多變的觀點。

〔註 9〕白先勇：《寂寞的十七歲》，臺北市：允晨文化，2009，頁 11。
〔註 10〕白先勇：《寂寞的十七歲》，臺北市：允晨文化，2009，頁 11。
〔註 11〕白先勇：《明星咖啡館》，臺北市：皇冠，1987，頁 161。
〔註 12〕余秋雨：〈世紀性的文化鄉愁——「臺北人」之主題探討〉，收於白先勇：《臺
北人》，臺北市：爾雅，2010，頁 39。
〔註 13〕米蘭·昆德拉（Milan Kundera）著，尉遲秀譯：《小說的藝術》，臺北市：皇
冠，2004，頁 56。

　　劉俊認為《臺北人》可以被視作是從「歷史——命運」的角度展開的對人和人的生存困境的一次深具象徵意味的精緻藝術表現，〔註14〕然而，筆者認為，與其說歷史事件決定了人類面對命運的無奈與無力，更應該進一步分析其中關於環境、心態之內涵。舊臺北人正是刻畫了人類在歷史事件的因素下輾轉遷移、流離後，面對新生的環境產生自我認同感的錯置或斲喪，因此形成了他們對於生存空間的種種不適。這些小說人物的出現必有其廣瀚的時代色彩，每個人所面對的歷史課題各異，人類心靈對於歷史事件的感觸、與個體位處空間的意識型態，呈現前因影響後果、因果不可倒置之關係，他們的各種感官接觸到臺北生活環境中的異變不諧時，開始凝想、表現、回憶昨日光景，因此「臺北」在這些「舊臺北人」的感受中，構成了具有生存威脅的一座城市；然而，這些人對於臺北環境不適應，恰恰好浮現舊時代的隱沒，暗伏新時代的來臨，《臺北人》的書寫巧妙地連綴「舊臺北人」與「新臺北人」的時空觀，從白先勇的「舊」過渡到現代的「新」，刻劃了中國人流離歲月下敏感不安的心靈，正如柯慶明所云：

　　　　劉禹錫〈烏衣巷〉詩中，「朱雀橋」、「烏衣巷」不但都是真實的景點，
　　　　事實上更是歷史興衰，人物「流離」或「離散」的見證。沒有了「烏
　　　　衣巷」的王謝高堂的「舊時」記憶，又如何標示出「飛入尋常百姓
　　　　家」的「堂前燕」的「離散」或「流離」。〔註15〕

即便小說文本中的敘述時間及空間並不完全等於現實意義的歷史時間及地理實況，但是至少在《臺北人》卷首早已標誌著白先勇鮮明的創作意圖：「紀念先父母以及他們那個憂患重重的時代」，此一論點已被眾家肯定，劉禹錫的〈烏衣巷〉可以確立這十四篇小說一貫的中心思想。

　　必須進一步說明的是，一座城市所具備的歷史意義必須經由「人」——也就是〈烏衣巷〉中的「堂前燕」作為載體，讀者無法理解這些「舊臺北人」的平日生活全貌，而往往是藉由小說人物因緣際會下重逢、交流的過程，見證他們心中的意識脈動，換句話說，白先勇總是運用「聚會」的情節來表達「離散」的記憶與過往，沒有相聚憶往，又怎會見證曾經離散的事實？人與人之間若沒有因為「悟者」對於時間流逝「常態」的體認，又怎會發現命運

〔註14〕劉俊：《悲憫情懷：白先勇評傳》，臺北市：爾雅，1995，頁24。
〔註15〕柯慶明著：〈情慾與流離〉，收於柯慶明等著：《白先勇研究精選》，臺北市：
　　　　天下遠見，2008，頁21。

「漸變」的人生眞相？是故「聚、散」與「常、變」之對比可說是構成《臺北人》濃烈歷史關懷的要素，散亂過後的衰萎、常觀底下的漸變，俱交織在小說人物的彼此對照中，引發白先勇筆端溫厚的悲憫意識。

三、剪不斷，理還亂——聚中見散

夏志清認爲「一本小說之優劣，當然不能以主題的深淺來評價，最要緊的關鍵是這個主題是否能得到適當的處理。」〔註 16〕也就是說，他重視的是「how」——面對主題時，作家應該要以作家自覺來刻劃主題內容，而不是千篇一律地不作思考、徒然下筆；白先勇對於創作小說的觀點亦與夏志清有同工異曲之妙，在〈驀然回首〉中，他提出自己的創作觀點：「當然內容決定技巧，但是技巧決定故事的成敗。故事的成敗第一要看技巧，是不是以最有效的技巧表現它的主題。」〔註 17〕，夏志清更期許一個好的作家應該是能夠「透過高度的智慧和素養去把這些眾生相刻劃出來。」〔註 18〕《臺北人》中所有角色的愛恨情慾都是透過主要角色和其他角色的邂逅「重逢」而得見，他們心中潛藏著各種情懷，無論是主僕之情、故舊之誼、同性之戀、兩性相思……等，背後都是龐大的國破家亡之背景所支撐著。

歐陽子在《王謝堂前的燕子》中拈出白先勇研究的三大方向——今昔之比、靈肉之爭、生死之謎，並認爲「過去」與「現在」的界限，最明顯的，當然，就是中國大陸不幸陷入共產黨的那年〔註 19〕；而江寶釵曾經對於白先勇的小說進行時間、空間互動的分析，並認爲：「單獨的時間了解是不可能的，必須要放在與空間互涉的文本裡，時間才得以存在。」〔註 20〕與其說歷史事件決定了人物前後的不同，人對於自我的認知應該更是在與過往重逢時才對比出差異性，因此人物的感情、命運的形式只有在特定時間、特定空間交涉而成的場景下才得以突顯，而這些人們的境遇與心態更具有「獨特性」與「普遍性」——獨特性乃是因不同的角色有特定的性別、年紀、身分、地位、個

〔註 16〕 夏志清著，劉紹銘等譯：《中國現代小說史》，上海市：復旦大學，2005，頁286。

〔註 17〕 白先勇：《驀然回首》，臺北市：爾雅，1978，頁 139。

〔註 18〕 夏志清著，劉紹銘等譯：《中國現代小說史》，上海：復旦大學，2005，頁 284。

〔註 19〕 歐陽子：《王謝堂前的燕子》〈白先勇的小說世界——《臺北人》之主題探討〉，臺北市：天下遠見，2008，頁 12。

〔註 20〕 江寶釵：《白先勇與台灣當代文學史的構成》〈時間、空間與主體性的建構—閱讀《孽子》的一個向度〉，臺北市：駱駝，2004，頁 58。

性，他們各自的條件造成不同的選擇及結果，這些選擇便突顯出白先勇要表達的意識；而普遍性乃是因他們皆具有共同的時代背景、流離過程，並且能夠譜繪出一幅中國文化遷徙、衰亡、並且隱含新生意義的過程。

當年「上海百樂門舞廳」的五陵年少、以及充滿往事滄桑的中年婦人，都曾是尹雪艷在「上海霞飛路」的座上嘉賓，他們在十幾年後「重新聚首」在「臺北仁愛路四段」的新公館；〈一把青〉的朱青與師娘曾在「南京大方巷仁愛東村」邂逅，兩人都是空軍妻子，丈夫的職業永遠充滿未知性，朱青的丈夫郭軫在徐州罹難後兩人便分道揚鑣，但是兩人又重新在「臺北」的空軍新生社「重逢」，無論她們是在南京或是臺北，都是空軍社區生活圈的一員，也都巧妙地在自家擺開筵席、宴請對方，或是擺開麻將桌相約共娛；〈歲除〉中描寫的是除夕時分賴鳴升與舊日同袍全家人共進「團圓飯」的過程，賴鳴升從台南趕上「臺北信義東村」，在這麼一個送舊迎新的時刻，賴鳴升卻不斷地訴說過往自己的風光歷程，也唯有這些和軍旅相關的人物相聚一堂，才能夠映照出賴鳴升昔盛今衰的變化，然而在他醉酒之後，團圓飯恰恰結束，現實生活也毫不留情地展開；〈思舊賦〉中順恩嫂前往「南京東路李宅」「拜訪」羅伯娘，兩人俱是從前「南京李公館」的下人，她們在重逢之後開始回憶過往的點滴，感嘆李家的人事興衰變遷：長官生病、夫人去世、小姐離家、少爺發瘋……，正如羅伯娘所說：「轟轟烈烈的日子，我們都見過。現在死的死，散的散……。」〔註21〕該句也可以說是許多「臺北人」最後的結局；〈秋思〉則是藉由華夫人與萬夫人「相約」打麻將前梳妝打扮的經過，勾勒出兩人在時間推移後各自變化的過程；更具經典性的〈遊園驚夢〉描述一群原本在「南京夫子廟得月」台唱戲的將軍夫人們，在動亂後重新在「臺北天母竇公館」「相會」的故事，以「崑曲」和「軍眷」為共同點的新、舊臺北人相聚於此，南京時代的錢夫人與臺北時代的竇夫人各為其時期地的目光聚點，風華的流轉對比出錢夫人的衰變與竇夫人的興起，更帶出了其他新臺北人的出現。而〈冬夜〉中余嶔磊和吳柱國原是「北京大學」五四運動時勵志社的中堅份子，他們倆在「臺北溫州街」余家「重聚」時，道出彼時北大一干人離散後的悲苦遭遇，余嶔磊自認在臺北毫無成就，看似「揚名美國」的吳柱國卻認為自己是五四精神的逃兵，〈冬夜〉除了提出兩位知識份子的境遇，更輾轉暗示國家發展的歷史；至於作為全書的最終章，〈國葬〉暗示了時代變化、人物流離之

〔註21〕白先勇：《臺北人》，臺北市：爾雅，2010，頁 171。

後的必然發展，不僅秦義方出現在「殯儀館」中不被重視，就連少爺也「臉上漠然，好像不甚相似的模樣」〔註22〕而過去許浩然將軍最得意的三員猛將——章健、葉輝、劉行奇，在公祭會場「重現」時，卻也呈現出他們不同以往於「南京紫金山中山陵」那般風采特出的轉變。除了與舊時人物相遇外，〈金大班的最後一夜〉是較特色的一篇，白先勇藉由金大班在婚嫁前的最後一夜的種種遭遇，刻劃出今日臺北西門町與昔日上海百樂門的種種對比：在朱鳳身上，她彷彿看到過往自己的純情、在蕭紅美身上，她想起自己紅遍十里洋場的風光、在年輕男孩身上，她也記起了自己愛上月如的悸動，金大班與這些類型人物的重逢使她陷入回憶與現實的交流中；在〈那片血一般紅的杜鵑花〉及〈孤戀花〉亦是如此手法，其中王雄因為到「我」的舅媽家幫傭而結識了表妹麗兒，在麗兒童年時期陪她玩遊戲、上下學、串珠珠……，但在麗兒成為中學生後便與他漸行漸遠，使得王雄非常傷心，原來是因為臺北的麗兒就像是王雄湖南家鄉的未婚妻「小妹仔」，因此在遇到麗兒時便投射了他的情感；而〈孤戀花〉中原本在上海萬春樓的「雲芳老六」到了臺北五月花，成了「總司令」，她聽娟娟唱著孤戀花的悽苦就聯想起過往五寶唱戲的樣子，因此在娟娟身上投射了感情，和五寶的精神重新遇合——「她們兩個人都是三角臉、短下巴、高高的顴骨、眼塘子微微下坑，兩個人都長得那麼一副飄落的薄命相。」〔註23〕並且在娟娟身上實現了原本想和五寶成家的念頭，而除了娟娟與五寶的聯想，柯老雄也是過往華三的投射，五寶死於華三餵養的鴉片，娟娟也因柯老雄染上毒癮；〈花橋榮記〉中白先勇以第一人稱敘事觀點，描寫昔日桂林花橋頭榮記的「米粉丫頭」，今日在臺北長春路上也開起了花橋榮記，並且成了許多廣西同鄉人的用餐聚會場所，「我」和「盧先生」因是桂林同鄉、又因無伴隻身來台，所以總有許多共同點，「我」想介紹姪兒秀華與他，誰知他惦念著廣西原本已許婚配的羅家小姐，並且因為無法與心上人重聚而推展出種種悲劇。

　　總之，《臺北人》的故事就在「舊臺北人」和「新臺北人」的交會下完成了時代的交接儀式，正如同〈國葬〉中李浩然將軍的喪葬隊伍行經南京東路時，一隻正在行軍的隊伍向靈車發號施令、行注目禮，這一描寫不僅是作者藉由軍隊向舊臺北人表達致哀崇敬，也預示了新臺北人的精神奮揚。

〔註22〕白先勇：《臺北人》，臺北市：爾雅，2010，頁322。
〔註23〕白先勇：《臺北人》，臺北市：爾雅，2010，頁199。

四、恰似一江春水向東流──常變之照

　　蘇軾在〈赤壁賦〉中，藉由「水」與「月」來投射世事常、變的相對性，列於全書之首的〈永遠的尹雪艷〉也揭櫫了一種人世種恆常不變的意旨，並藉此表達白先勇的歷史興亡之感。歐陽子將尹雪艷解釋成為「幽靈」、「死神」等，認為「她說的話，她的動作，就超越一個現實人物的言與動作，而變成一種先知者之『預言』（prophecy），也就是一個高高在上的作者對人生的評語。」〔註24〕劉俊認為尹雪艷是「慾望」的象徵，因為「她的體態姿容使人賞心悅目自不必說，就是她的居室布置、精饌佳餚、名點小吃、熨貼言詞、蘇儂軟語，也無不一在各個層面上滿足著有不同慾望要求的人們。」[25]無論是歐陽子或是劉俊所指涉的「尹雪艷意象」，其實都指標著一個永恆性的依歸，也就是一種「常」性的哲思，又該篇可說是全書的總序與總綱，因此藉由尹雪艷的「總也不變」對照其他賓客的「變化」，正呈現出白先勇所要表達的意涵──世間成敗、榮辱、盛衰……往往是變動不居的，世間惟一的永恆即是「變」，因此新臺北人見證了舊臺北人離散歲月下一步步走向萎敗的過程，而新臺北人也會依循如此變化走向未知的彼端，白先勇所要敘述的正是這種「大江東去，浪淘盡，千古風流人物」的，文學的功用也因此書寫、彰顯了人間恆常的價值。

　　同樣的意旨可以在《臺北人》其他篇章中見到，這些類似尹雪艷作用的人物就像是圓規的中心，見證其他人物畫出一個又一個的圓、再一個又一個毀滅消亡；也像攝影機的鏡頭，觀看、記錄其他人物的興與衰，然而，變化的方向並不一定指涉外貌、物質、年齡……等，更代表處世態度、價值判斷、心境順逆的發展，這些觀看視角是見證變動的錨點，用來攝取眾生因離散產生的愛恨情仇。〈一把青〉中朱青先前「令人見之望俗的水秀」與其後「衣著分外妖嬈」之差異，是藉由師娘的視角呈現出來的；〈思舊賦〉藉由「白髮宮女」羅伯娘和順恩嫂的視角，也使讀者見到李將軍家原先「轟轟烈烈的日子」，轉而成為「死的死，散的散」的無奈悲涼；其他又如〈歲除〉中的劉營長、〈那片血一般紅的杜鵑花〉中的「我」、〈梁父吟〉中的樸公、〈孤戀花〉中的總司令、〈花橋榮記〉中的「我」、〈國葬〉中的秦義方等，白先勇運用這些人的敘述角度，依據不同身分地位所對應的環境展開烘托，看著身邊的他者如何因為時代的動亂、個人的處境而改變了自己的命運，形成種種荒謬的結果。

〔註24〕歐陽子：《王謝堂前的燕子》〈白先勇的小說世界──《臺北人》之主題探討〉，臺北市：天下。

　　然而，人間的變化有突變者、也有漸變者，前者如〈花橋榮記〉的盧先生，後者如〈冬夜〉的余嶔磊，無論變化過程是緩是速、是主動是被動，人們遭遇到亂離挫敗總是會變，師娘本身也是「猛然發覺原來自己也灑了一頭霜」、羅伯娘和順恩嫂亦是「老了，不中用了」、「精神看著比前幾年又短了些」，相較於人的變動，似乎只有悠久的天地自然才能常存不朽了。白先勇在許多篇章中，往往會承襲蘇軾的常變觀，拈出「水」與「月」來對照人間的變化、突顯的天地的永恆。〈那片血一般紅的杜鵑花〉中，王雄最後選擇投水自盡，水承載著的不只是王雄的屍體，更是中國人永遠無處可逃的喪亂逆境；〈花橋榮記〉中，「我」獨把盧先生房間中的懸過著的照片拿走，那張照片是花橋畔盧先生和羅家姑娘的合照，盧先生雖然去世，但是花橋底下的漓江水所見證的桂林記憶卻會永保價值。〈滿天裡亮晶晶的星星〉中，當教主訴說著自己與姜青在上海大光明曾經如何風光、最後又是如何悲慘遭遇的同時，「他身後那輪又黃又大的月亮，已經往公園西邊那排椰子樹後，冉冉的消沉下去了。」兩個多月後，教主因犯了風化案在度出現時，黑沉沉的天空中，「那個月亮——你見過嗎？你見過那樣淫邪的月亮嗎？像一團大肉球，充滿了血絲，肉紅肉紅的浮在那裏。」〔註25〕，天空中的月亮從頭至尾總懸在天空，無論新公園出現了哪些新舊人物，人間發生什麼喜悲，月亮依舊永恆不改其鑑照之姿；〈遊園驚夢〉中對於「月」的描述尤為細膩，月亮不僅是高掛天空俯視人間聚散的見證，眾人聚會於竇公館時，只見「竇公館的花園十分深闊，錢夫人打量了一下……一片秋後的清月，已經升過高大的椰子樹幹子來了。」〔註26〕，月也是攝像的鏡頭與角度，而小說主角「得月台」出身的錢夫人「除卻天上的月亮摘不到，世上的金銀財寶，錢鵬志怕不都設法捧了來討她的歡心。」〔註27〕此時「月」更成了「永恆」的象徵，她曾享盡錢鵬志帶給她的奢華生活、尊貴待遇，可是這一切畢竟還是過去了，沒有私人轎車、衣裳不合潮流的她只得「錢夫人立在露臺的石欄旁邊，往天上望去，她看見那片秋月恰恰的升到中天，把竇公館花園裡的樹木路階都照得鍍了一層白霜。」〔註28〕在這一輪明月的鑑照之下，月亮似乎傾訴著人間沒有永恆的富貴榮耀、也沒有永遠的得意順遂。

〔註25〕白先勇：《臺北人》，臺北市：爾雅，2010，頁 253、254。
〔註26〕白先勇：《臺北人》，臺北市：爾雅，2010，頁 258。
〔註27〕白先勇：《臺北人》，臺北市：爾雅，2010，頁 273。
〔註28〕白先勇：《臺北人》，臺北市：爾雅，2010，頁289。

五、結語：人生失意無南北——悲劇之後

這些聚與散、常與變之對比所構成的情境，即小說中人物認同取捨、選擇的目標。姚一葦雖爲戲劇專家，然而他對於故事角色「選擇」的解析頗爲精要：

> 當吾人根據一個人物的行爲來判斷他的性質時，主要是看他所作的
> 抉擇，蓋無論他是主動的在追求什麼或被動的應付一種敵對的勢
> 力，他必有選擇：選擇他所要作的或拒絕他所不要做的，自選擇中
> 傳達出他的意圖與目的，傳達出這一行爲的用意；從而判斷他的倫
> 理的性質。〔註29〕

又范銘如曾經效仿余英時〈紅樓夢的兩個世界〉來分析《臺北人》，提出所謂「分裂的空間結構」：

> 小說裡面總有一個小型的封閉空間，濃縮往昔在中國大陸上的盛事
> 榮景，調解新移民從舊環境適應新環境。〔註30〕

空間總在人物的聚會中承載著過往的離散經驗，在常性的生活輪迴中偶然地嵌入變化的事實，這一些舊臺北人固然可以選擇新的生活方式與價值判斷，比如〈花橋榮記〉中的盧先生可以接受「我」爲他安排的相親，接受新的女性而展開新生活；〈遊園驚夢〉中的錢夫人可以聽從裁縫師傅的建議改穿短旗袍，才不會在上台開腔時擔憂是否不登樣……，諸如此類的選擇其實穿插在小說的情節中，但是白先勇卻安排這些腳色不約而同地走向一條「擇善固執」的道路，固守著自己對環境的認知與執著，不願意接受新興的觀念、也不想認同時代的潮流，最終也只能在各自的場合中，與其他人們被劃分、對應成不同畛域。區別、差異的認識來自於個人本身所處在的空間環境，並存在著個人產生認同後又會影響著其對區別、差異的判斷。〔註31〕大致來說，這是他們維持尊嚴的方式，然而也因著維護了過往的榮耀與尊嚴，他們卻往往陷入與當下情境難容的兩難，雖劉俊認爲白先勇「命運意識」的真正核心是「人把握不住的，而且似乎也總是悲劇性的」〔註32〕，然而歷史並非全盤地操控

〔註29〕 姚一葦：《欣賞與批評》〈戲劇評論〉，臺北市：聯經，1989，頁328。
〔註30〕 范銘如：〈頹廢與頹圮的城郭〉，收於《跨世紀的流離——白先勇的文學與藝術國際學術研討論文集》，臺北縣：INK印刻文學生活雜誌，2009，頁226。
〔註31〕 彭待傳：〈時間・空間・臺北城——從《臺北人》和《孽子》看白先勇小說裡身分認同與時空的關性〉，華梵大學東方人文思想研究所，2004，頁12。
〔註32〕 劉俊：《悲憫情懷：白先勇評傳》，臺北市：爾雅，1995，頁303。

著命運，舊臺北人們堅持自己的方向，走向命運，正符應了魯迅之名言：「悲劇是把有價值的東西毀滅給人看」，並非渾然不知地走向滅亡。

　　因著中國時代的亂離動盪，造成中國彼時彼人飄散如蓬的命運，他們對於命運的認知是在不同土地上所周旋、對往的人事映照而來的。歐陽子說：

> 我們在《臺北人》諸篇中，到處可以找到表面看似相同，但實質迥異的佈設與場景。這種「外表」與「實質」之間的差異，是《臺北人》一書中最主要的反諷（irony），卻也是白先勇最寄予同情，而使讀者油然生起惻憐之心的所在。〔註33〕

劉俊更認為這種對基督情懷的精神認同使得博愛的思想和普泛的同情心成為白先勇在自己的小說世界中著意澆灌的一種精神汁液。〔註34〕夏志清在評判中國現代小說時，曾對作家的悲憫意識作了如下敘述：

> 中國作家把他們的同情只保留給貧苦者和被壓迫者。他們完全不知道，任何一個人，不管他的階級如何，都值得我們去同情和了解。〔註35〕

他注重以慈悲心去關懷大時空下個人的命運，無論是墮落至社會階級下層的、或是仍舊高踞上層社會的知識分子，都呈現出值得令人震撼驚慄的人生境遇，他筆下的悲憫意識是無分階層的。正如歐陽子所說：

> 《台北人》之人物，可以說囊括了臺北都市社會之各階層……他們貧富懸殊，行業各異，但沒有一個不背負著一段沉重的、斬不斷的往事。〔註36〕

在《臺北人》所有角色的結局中，這些誤以為生活於「常」、實處於「變」的角色，一旦意識到自己的「不合時宜」或是「選擇自棄」後，便墜入苦痛的深淵，人的心靈因為認識到自己生命的衰變而難以承受，因為了解到今昔不同而不能適應；在古希臘文明世界中，德爾菲神廟上鐫刻著如此箴言：「認識你自己」——意味著人應該時時應對著變動的時空環境來調整心靈，這都顯

〔註33〕歐陽子：《王謝堂前的燕子》〈白先勇的小說世界——《臺北人》之主題探討〉，臺北市：天下遠見，2008，頁14。

〔註34〕劉俊：《悲憫情懷：白先勇評傳》，臺北市：爾雅，1995，頁93。

〔註35〕夏志清著，劉紹銘等譯：《中國現代小說史》，上海市：復旦大學，2005，頁66。

〔註36〕歐陽子：《王謝堂前的燕子》〈白先勇的小說世界——《臺北人》之主題探討〉，臺北市：天下遠見，2008，頁9。

現生活在一個歷史背景架空的世界中，他們的足跡步履在臺北城市大小街道巷弄、現身於各歡聚悲離的廳台會場，但卻神遊在生命那已逝去的美好中，不能協調於已經變動的時空環境，只能一步步走向衰亡。

夏志清在其《中國現代小說史》後的〈中譯本序〉中曾提出中國文學未來的發展道路：

> 我們認為中國的文學傳統應該一直是入世的，關注人生現實的，富有仁愛儒家精神的，則我們可以說這個傳統進入二十世紀後才真正發揚光大，走上了一條康莊大道。〔註37〕

作為一代文學批評家所肯定的對象，白先勇所書寫的中國人正符應了夏志清所預言的方向，這一代中國人從臺灣海峽西岸漂流至彼岸陌生的異域，展演了一場場驚心動魄的人性糾葛，他所揭示的各種人性苦難，並不是對於中國人的未來抱持絕望的態度，反而是以種種精緻的死亡、疾病、凋萎……等形象，震撼新一代的臺北人，這一些過往的痕跡足以祭悼誌念，但悲劇之所以感奮人心，並不是引導世人走向頹靡不安的想像，反而是藉此使人們警惕於這些苦痛的經驗，以調整步伐、適應變遷。《臺北人》並非全然的悲劇，黃應貴在分析空間與人類的互動時，提出了如下看法：

> 人體的重要性最主要的還是在於其主體性能為個別不同的目的而轉變同質性空間，並從事不同的空間建構〔註38〕。

正如〈歲除〉中的驪珠表妹、俞欣還有劉英，他們在除舊佈新的時刻，能夠看著煙炮「一道道亮光衝破了黑暗的天空」，讓「又一個新年開始降臨到臺北市來。」〔註39〕

參考書目

一、專書

1. 白先勇：《驀然回首》，臺北市：爾雅，1978。
2. 白先勇：《明星咖啡館》，臺北市：皇冠，1987。姚一葦：《欣賞與批評》，臺北市：聯經，1989。
3. 劉俊：《悲憫情懷：白先勇評傳》，臺北市：爾雅，1995。

〔註37〕夏志清著：《新文學的傳統》，臺北市：時報，1985，頁45。
〔註38〕黃應貴主編：《空間、力與社會》，中央研究院民族學研究所，1995年，頁3。
〔註39〕白先勇：《臺北人》，臺北市：爾雅，2010，頁122。

4. 黃應貴主編：《空間、力與社會》，中央研究院民族學研究所，1995。

5. 江寶釵：《白先勇與台灣當代文學史的構成》臺北市：駱駝，2004。

6. 米蘭‧昆德拉（Milan Kundera）著，尉遲秀譯：《小說的藝術》，臺北市：皇冠，2004。

7. 夏志清著，劉紹銘等譯：《中國現代小說史》，上海：復旦大學，2005。

8. 柯慶明等著：《白先勇研究精選》，臺北市：天下遠見，2008。

9. 歐陽子：《王謝堂前的燕子》，臺北市：天下遠見，2008。

10. 白先勇：《寂寞的十七歲》，臺北市：允晨文化，2009。

11. 白先勇：《臺北人》，臺北市：爾雅，2010。

12. 陳芳明、范銘如編：《跨世紀的流離──白先勇的文學與藝術國際學術研討論文集》，臺北縣：INK 印刻文學生活雜誌，2009。

二、單篇論文

1. 彭待傳：〈時間‧空間‧臺北城──從《臺北人》與《孽子》看白先勇小說裡身分認同與時空的關性〉，華梵大學東方人文思想研究所，2004。